金敬梅　主编

中华文史大观

大学 论语

世界图书出版公司

目录

大学

论语

前言

　　本书作为国学经典系列之一，包括《大学》《论语》两部分内容。《大学》为《礼记》中的内容之一，分为"经"一章，"传"十章。其中，"经"是孔子的话，由曾子记录下来；"传"是曾子解释"经"的话，由曾子的学生记录下来。《论语》首创语录之体，共二十篇，四百九十三章，是中国古代思想家孔子与其弟子的语录，为儒家重要经典著作。

　　《大学》开宗明义，首先指出："大学之道，在明明德，在亲民，在止于至善"。其中"明德、亲民、至善"就是后人所说的"三纲领"，也是《大学》提出的教育纲领和最高目标。《大学》还提出"格物、致知、诚意、正心、修身、齐家、治国、平天下"的"八条目"。其中"格物、致知、诚意、正心"都包括在"修身"之中，由修身而推己及人，就是所谓"齐家""治国""平天下"。"八条目"是实现"三纲领"的具体步骤，也是《大学》反复强调的个人道德修养方法。"三纲领"和"八条目"强调修己是治人的前提，但人的修身养性不只是内省的过程，也是同外物相接触、穷究物理、培养德性、完善人格的过程，更是儒家达到"干预生活、改造世界"目的的最基本要求。《大学》文辞简约，内涵深刻，影响深远。直至今天，它对现代人如何做人、做事、立业等仍有深刻的启迪意义。

　　《论语》作为一部优秀的语录体散文集，其语言活泼生动、流畅通达、言简意赅、含蓄隽永，语气词、排比、叠句、对偶等大量运用，感情色彩浓厚。如"子在川上曰：'逝者如斯夫，不舍昼夜！'"雍容和雅，表现出孔子自强不息的精神和通达的哲思。《论语》所记载的，是孔子从生活中演绎出来的为人处世经验和他对弟子的教导，囊括了孔子思想的精华。内容以伦理、教育为主，反映了孔子的天命观、道德观、政治观、教育观。两千多年来，《论语》一书浸润濡染，影响着中国人的道德素质、心理结构，对中华民族起着不可估量的凝聚作用。宋代的宰相赵普曾说："半部《论语》治天下。"这部曾被古人誉为治国之本的经典之作，对于我们现代人来说同样意义非凡。如北京师范大学于丹教授就认为，《论语》能为我们现代人构建和谐社会，建立良好的人际关系提供一份温馨的劝导。

大 学

初学入德之门

　　大学之道，在明明德，在亲民，在止于至善。知止而后有定，定而后能静，静而后能安，安而后能虑，虑而后能得。物有本末，事有终始。知所先后，则近道矣。

　　古之欲明明德于天下者，先治其国；欲治其国者，先齐其家；欲齐其家者，先修其身；欲修其身者，先正其心；欲正其心者，先诚其意；欲诚其意者，先致其知；致知在格物。

　　物格而后知至，知至而后意诚，意诚而后心正，心正而后身修，身修而后家齐，家齐而后国治，国治而后天下平。自天子以至于庶人，一是皆以修身为本。其本乱而末治者否矣。其所厚者薄，而其所薄者厚，未之有也。

大学之道[1]，在明明德[2]，在亲民[3]，在止于至善[4]。知止而后有定，定而后能静，静而后能安，安而后能虑，虑而后能得[5]。物有本末，事有终始。知所先后，则近道矣。

古之欲明明德于天下者，先治其国；欲治其国者，先齐其家；欲齐其家者，先修其身[6]；欲修其身者，先正其心；欲正其心者，先诚其意；欲诚其意者，先致其知[7]；致知在格物。

物格而后知至，知至而后意诚，意诚而后心正，心正而后身修，身修而后家齐，家齐而后国治，国治而后天下平。自天子以至于庶人，一是皆以修身为本[8]。其本乱而末治者否矣。其所厚者薄[9]，而其所薄者厚，未之有也。

[右经一章，盖孔子之言，而曾子述之。其传十章，则曾子之意，而门人记之也。旧本颇有错简，今因程子所定而更考经文，别为序次如左。]

大学的宗旨，在于弘扬光明正大的品德，在于让人弃旧图新，最终达到最完善的境界。

知道了所要达到的最高境界志向就能坚定，志向坚定后内心才能镇静，内心镇静后身体在任何环境下都能安定，身体安定后办事时谋划就能精当，谋划精当做事就会成功。事物都有根本和末节，做事都是有先有后。明白做事时要先从根本做起，最后处理末节小事，这离大学的道理就已经很近了。

古代那些要想在天下弘扬光明正大品德的人，先要治理好他的国家；想要治理好他的国家，先要管理好自己的家庭；想要管理好自己的家庭，先要修养自身的品德；想要修养自身的品德，先要端正自身的思想；想要端正自身的思想，先要使意念诚实；想要使意念诚实，先要获取丰富的知识。获取知识的途径就是研究天下形形色色的事物。

天下万物的义理能够推想得明白透彻，然后知识就会丰富；知识丰富之后，所发出的意念就会诚实；意念诚实，思想也就会端正不偏邪；思想端正就不会受到外物的诱惑，品德修养也就能完善；品德完善成为一家人的表率后，就会治理好整个家庭；治理好家庭才能治理好国家；国家治理好之后，整个天下也就太平了。上自天子，下至百姓，人人都要以修身养性为根本。假如这个根本被扰乱了，要做到齐家治国平天下是不可能的。应该被重视的根本却被忽略，次要的末节反而被看重，天下哪有这样的做法呢？

[以上的这章经文，是孔子说的话，由曾参叙述。以下的传文共十章，都是曾参的意见，由他的门人记述。旧本字句排列有很多错误，现在按照程颐先

生的校订，并参考经文，另外整理好次序如下。〕

◎ 原文注释

〔1〕大学之道：大学的宗旨。道的本义是道路，引申为规律、原则、宗旨等。古人之学，有小人（孩童）之学，有大人之学。小人之学是专门学习"洒扫应对进退、礼乐射御书数等基础知识和礼节，"大人之学，主要学习伦理、政治、哲学等"穷理正心，修己治人"的学问，其目的在于使人成为君子，成为圣贤。〔2〕明明德：前一个"明"作动词，是发扬、弘扬的意思；后一个"明"作形容词，明德就是光明正大的品德。〔3〕亲民：据下文，应为"新民"。新，动词，革新或弃旧图新。〔4〕止：名词，所达到的境界。〔5〕得：有所收获，指得到至善。〔6〕修其身：修养自身的品德。〔7〕先致其知：先使自己获取知识。〔8〕一是：一切，都是。〔9〕厚：尊重。薄：轻薄，轻蔑。

○ 品画鉴宝　合溪草堂图·明·赵原

《康诰》[1]曰："克明德[2]。"《大甲》曰："顾諟天之明命[3]。"《帝典》曰："克明峻德[4]。"皆自明也。

[右传之首章，释"明明德"。]

《尚书·康诰》说："能够显扬光明的美德。"《尚书·大甲》说："常常顾念是上天赋予的美德。"《尚书·尧典》说："能够显扬崇高至大的美德。"以上三本书都说自己要显扬弘大美德。

[以上是传文的第一章，解释"明明德"。]

◎ 原文注释

[1]《康诰》：《尚书·周书》的篇名。《尚书》是中国上古历史文件和部分追述古代事迹著作的汇编。分为《虞书》《夏书》《商书》《周书》四部分。《康诰》是周公封康叔时作的文告。

[2]克明德：能够显扬光明的德性。克，能。

[3]《大甲》：《尚书·商书》篇名。顾：思念。諟：此。明命：即明德。

[4]《帝典》：即《尧典》，为《尚书·虞书》篇名。峻：意为大、崇高。

○ 品画鉴宝 竹雕林泉隐士图笔筒·清

○ 品画鉴宝　灰陶鬲·商

　　汤之《盘铭》[1]曰："苟日新[2]，日日新，又日新。"《康诰》曰："作新民[3]。"《诗》曰："周虽旧邦，其命惟新。"是故君子无所不用其极[4]。

　　[右传之二章，释"新民"。]

　　商汤用的浴盆上，刻着的铭文说："我们洗涤心灵，同洗去身上的污垢一样，如果能够一日自新，就应当天天去洗濯它，使新的更新。要永远这样，绝不间断。"《尚书·康诰》说："商朝的人虽杂有旧习，但要鼓励他们弃旧自新。"《诗经·文王》说："我们周朝，从后稷传到现在，年代久远。虽是一个旧邦国，但是到了文王的时候，能够自新秉受天命，国家从此更新。"因此君子都是学习前人，用尽心力使民众自新。

　　[以上是传文的第二章，解释"新民"。]

◎ 原文注释

〔1〕汤之《盘铭》：汤，商朝的开国君主。《盘铭》：刻在沐浴用的器皿上来警戒自己的文辞。

〔2〕苟：如果。新：指身体上洗涤污垢，焕然一新，又引申为品德修养上的弃旧图新。

〔3〕作：振作，鼓励。新民：使民自新。

〔4〕其极：指"至善"。极，顶点。

《诗》云："邦畿千里，惟民所止
[1]。"《诗》云："缗蛮黄鸟，止于丘隅
[2]。"子曰[3]："于止，知其所止，可以
人而不如鸟乎？"《诗》云："穆穆文王，
于缉熙敬止[4]。"为人君，止于仁；为
人臣，止于敬；为人子，止于孝；为人
父，止于慈；与国人交[5]，止于信。

《诗》云："瞻彼淇澳，绿竹猗猗。
有斐君子，如切如磋，如琢如磨。瑟兮
僩兮，赫兮喧兮。有斐君子，终不可諠
兮[6]！""如切如磋"者，道学也[7]；
"如琢如磨"者，自修也；"瑟兮僩兮"
者，恂慄也[8]；"赫兮喧兮"者，威仪
也；"有斐君子，终不可諠兮"者，道
盛德至善，民之不能忘也。《诗》云：
"于戏！前王不忘。"君子贤其贤而亲
其亲；小人乐其乐而利其利[9]，此以
没世不忘也。

[右传之三章，释"止于至善"。]

《诗经·玄鸟》说："天子居住的地
方，叫邦畿，广阔约有千里。天下的人，
都向往这个地方。"《诗经·绵蛮》说：
"叫得好听的黄鸟，栖息在树林茂盛、
网罗不到的地方。"孔子读到这句诗时
叹息道："黄鸟都知道选择好的地方栖
息，而人却不知选择好的地方居住，人
难道还不如鸟吗？"《诗经·文王》说：
"肃穆深远的文王呀，道德光明磊落，
做事小心恭敬。"做国君的时候，言行
仁义；做商朝臣子的时候，言行恭敬；
做儿子的时候，孝顺父母继承先业；做

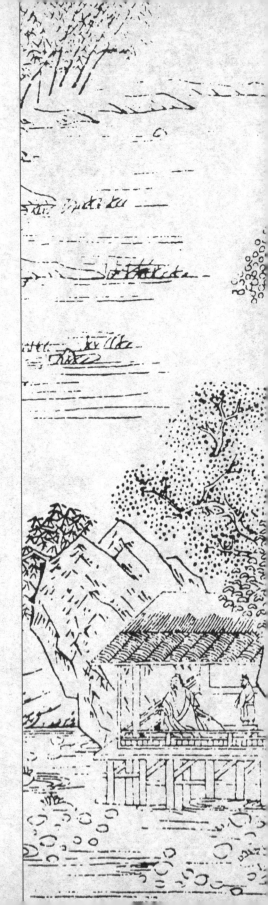

父亲的时候，对子女慈爱；与他人交往的时候，忠信诚实。

《诗经·淇奥》说："淇水弯曲的地方，绿竹美丽茂盛。我们有文采的君子，就像切磋了的象牙，琢磨了的美玉。他的内心啊，庄重而严密；他的外表啊，威风凛凛。这样文采风流的君子，令人无法忘怀。""如切如磋"是形容君子的精心求学，"如琢如磨"是形容君子的严密自修，"瑟兮僩兮"是指君子把严肃敬重的情感保存在内心，"赫兮喧兮"是君子的光辉表现在身外。"有斐君子，终不可喧兮"是君子从学问自修上用功，他的德行才能够达到至善，天下的民众当然牢记不忘。《诗经·烈文》说："啊！前代的文王武王使人难以忘记呀！"后代的帝王遵守前王治国的法制，守护着前王传下的基业。后代的百姓，安享着太平幸福，沾染着前代的恩泽。前王的功德这样盛大，人民又怎么会忘记他们呢？

[以上是传文的第三章，解释"止于至善"。]

◎ **原文注释**

〔1〕邦畿 (jī 机)：君王居住的都城及其周围的地域。惟：《诗》原作"维"。止：居住。引诗出自《诗经·商颂·玄鸟》。

〔2〕缗蛮：即绵蛮，鸟叫声。止：栖息。隅：角落。引诗出自《诗经·小雅·绵蛮》。

〔3〕子：孔子。

〔4〕穆穆：仪表美好、端庄恭敬的样子。于 (wū 乌)：叹辞。缉：继续。熙：光明。止：助词。引诗出自《诗经·大雅·文王》。

〔5〕国人：指统治阶级上层人物。

〔6〕淇：淇水，在今河南省北部。澳 (yù 遇)：水边。猗猗 (yī yī 衣衣)：植物光彩、茂盛的样子。斐 (fěi 匪)：文采。切：切割。磋：磨光。琢：雕琢。瑟 (sè 色)：庄重的样子。僩 (xiàn 现)：胸襟开阔的样子。赫：显耀。喧 (xuān 宣)：通"煊"，盛大的样子。谖 (xuān 宣)：遗忘。引诗出自《诗经·卫风·淇奥》。"喧"原作"咺"，"谖"原作"谖"。

〔7〕道：言，说。学：讲习，讨论。

〔8〕恂慄 (xún lì 巡力)：恐惧。

〔9〕小人：指平民。乐其乐：前"乐"字用作动词，意为以小人之乐为乐；后"乐"字用作名词，意为快乐。利其利：前"利"字用作动词，意为让平民获得，后"利"字用作名词，意为利益。

子曰："听讼，吾犹人也[1]。必也使无讼乎！"无情者不得尽其辞[2]。大畏民志[3]，此谓知本[4]。

[右传之四章，释"本末"。]

孔子说："审理人民的讼案，我也和别人一样。但我的志愿是使诉讼不再发生。"使那些内心缺乏诚实的人，不敢说谎话。在上位的人要道德显明，使人心畏服。这就是抓住了根本。

○ 品画鉴宝　松屋读书图·明
图中数松高耸，树下茅屋中有一老者襟坐读书，松屋临湖，湖中一渔翁坐于舟头，持竿垂钓。

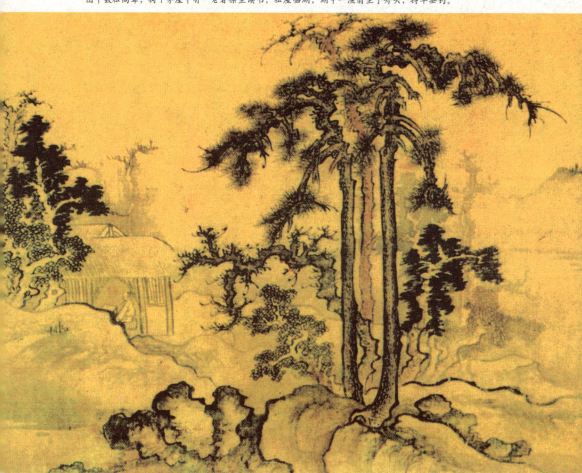

[以上是传文的第四章，解释"本末"。]

◎ 原文注释

〔1〕听：听取，指审理。讼：诉讼。犹人：与别人一样。

〔2〕无情者：没有理的人。尽其辞：说尽狡辩的话。

〔3〕民志：民心。

〔4〕本：根本的道理。

此谓知本。此谓知之至也。

[右传之五章，盖释"格物致知"义，而今亡矣，闲尝窃取程子之意以补之。曰：所谓致知在格物者，言欲致吾之知，在即物而穷其理也。盖人心之灵，莫不有知，而天下之物，莫不有理。惟于理有未穷，故其知有不尽也。是以《大学》始教，必使学者即凡天下之物，莫不因其已知之理，而益穷之，以求至乎其极。至于用力之久，而一旦豁然贯通焉，则众物之表里精粗无不到，而吾心之全体大用无不明矣。此谓物格，此谓知之至也。]

这就是说理解了根本。这就是说彻底理解了。

[以上是传文的第五章，是解释格物致知的意义。但现在这章书已经遗失了。我私下里采取程颐先生的意思，把缺文补足起来，说：所谓致知在于格物，就是说想要增长我们的知识，就要推求各种事物所以然的道理。因为我们的内心，都先天具有灵性。而天下万物，都有自己的定理。对于事物的定理，没有研究透彻，那么人类先天的灵性就不能充分发挥，知识就不能富足。所以《大学》起初教人的方法，是让学习的人，对照天下万物，用已经学得的知识去研究，从而达到极致。只要不断努力，日久天长，就能豁然贯通，一切事物表里精粗的道理都能理解，而我们的灵性也就能全部表现出来了。这就叫明辨事物，这样知识才能达到顶峰。]

所谓诚其意者，毋自欺也。如恶恶臭[1]，如好好色[2]，此之谓自谦[3]。故君子必慎其独也[4]。小人闲居为不善，无所不至，见君子而后厌然[5]，揜其不善[6]，而着其善。人之视己，如见其肺肝然，则何益矣？此谓诚于中，形于外。故君子必慎其独也。曾子曰："十目所视，十手所指，其严乎[7]？"富润屋[8]，德润身[9]，心广体胖，故君子必诚其意。

[右传之六章，释"诚意"。]

所谓意念诚实的意思，就是说不要欺骗自己。对待恶行，就好像是对待恶臭一般，毅然丢弃；对待善行，就好像是看到美色一般，一定要得到。一切都发自内心，这样的人才真正的快乐。所以君子在独处时也一定要谨慎。小人闲居独处的时候，以为别人看不到自己，就会做不正当的事情，甚至无恶不作。见到君子就掩藏恶念，表现出本分善良的样子。他哪里知道别人看自己，就像见到肺肝一样清楚，这又会有什么用呢？这就是所说的诚意蕴藏在心中，行动一定会有所表现。所以君子独处时一定要谨慎。曾子说："不要说没有人看见我，自有十双眼睛在看着；不要说没有人指着我，自有十双手在指着我，这种监督难道不令人畏惧吗？"财富可以装饰房屋，道德可以修养身心，人心广大和平，身体就能舒泰安康。所以君子一定要使自己的意念诚实。

[以上是传文的第六章，解释"诚意"。]

◎ 原文注释

[1] 恶（wū务）恶臭（xiù秀）：讨厌污秽的气味。

[2] 好（hào号）好色：喜好美丽的女子。色，女性，女子。

[3] 谦（qiān欠）：通"慊"，心安理得的样子。

[4] 慎其独：在独处时要小心谨慎，一丝不苟。独，指独处。

[5] 厌（yā压）然：隐藏的样子。

[6] 揜（yǎn掩）：通"掩"，掩藏。

[7] 其（qí奇）：即"岂"，意为"难道不是……"

[8] 润屋：意为装饰房屋，使房屋更华丽。

[9] 润身：意为增强修养，使思想更高尚。

所谓修身在正其心者，身有所忿懥[1]，则不得其正；有所恐惧[2]，则不得其正；有所好乐[3]，则不得其正；有所忧患[4]，则不得其正。心不在焉[5]，视而不见，听而不闻，食而不知其味。此谓修身在正其心。

[右传之七章，释"正心修身"。]

所谓修养品德在于端正思想，就是说内心如果感到愤怒，思想就不能端正；内心如果感到恐惧，思想也不能端正；内心如果感到快乐，思想也不能端正；内心如果感到忧愁，思想也不能端正。思想不端正，身在某处而心却到别处去了，眼睛望着东西却注意不到色彩，耳朵在听却听不见声音，口里吃着却感觉不到味道，当然也就不能明辨事理了。这就是说修养品德要先端正思想。

[以上是传文的第七章，解释"正心修身"。]

◎ 原文注释

〔1〕忿懥(zhì 至)：愤怒。

〔2〕恐惧：恐慌害怕。

〔3〕好乐：喜好欢乐。

〔4〕忧患：忧虑祸患。

〔5〕心不在焉：指心不专注。

所谓齐其家在修其身者，人之其所亲爱而辟焉[1]，之其所贱恶而辟焉，之其所畏敬而辟焉，之其所哀矜而辟焉[2]，之其所敖惰而辟焉[3]。故好而知其恶，恶而知其美者，天下鲜矣！故谚有之曰："人莫知其子之恶，莫知其苗之硕。"此谓身不修不可以齐其家。

[右传之八章，释"修身"、"齐家"。]

○ 品画鉴宝　犀角雕玉兰花形杯·明

所谓治理好家庭在于修身，就是说人们对于所亲爱的人，常常会有偏爱；对于所轻视厌恶的人，常常因不能够宽恕而产生偏见；对于所敬畏的人，常常会产生偏从；对于可怜的人常常会产生偏心；对觉得不如自己的人，在他们面前常常表现出傲慢。因此，对于那些可爱可敬的人，知道他们的缺点；对于那些可恶的人，又能看到他们的美德，这样的人天下很少见啊！所以有谚语说："人人都不知道他儿子的坏处，人人都不满足自己禾苗的肥大。"这就是说不能修身的人，就不能治理好他的家庭。

[以上是传文的第八章，解释"修身齐家"。]

◎ 原文注释
[1] 之：即"於"，意为"对于"。辟：过分偏重。
[2] 哀矜 (jīn 今)：同情，怜惜。
[3] 敖：骄傲。惰：怠慢，懈怠。

所谓治国必先齐其家者，其家不可教而能教人者，无之。故君子不出家而成教于国[1]：孝者，所以事君也；弟者[2]，所以事长也；慈者[3]，所以使众也。《康诰》曰："如保赤子。"心诚求之，虽不中，不远矣。未有学养子而后嫁者也。一家仁，一国兴仁；一家让，一国兴让；一人贪戾，一国作乱；其机如此。此谓一言偾事[4]，一人定国。

尧、舜帅天下以仁[5]，而民从之。桀、纣帅天下以暴[6]，而民从之。其所令反其所好，而民不从。是故，君子有诸己而后求诸人，无诸己而后非诸人。所藏乎身不恕，而能喻诸人者，未之有也。故治国在齐其家。

《诗》云："桃之夭夭，其叶蓁蓁。之子于归，宜其家人[7]。"宜其家人，而后可以教国人。《诗》云："宜兄宜弟。"宜兄宜弟，而后可以教国人。《诗》云："其仪不忒[8]，正是四国。"其为父子兄弟足法，而后民法之也。此谓治国在齐其家。

[右传之九章，释"齐家治国"。]

所谓治理好国家一定要先治理好家庭，就是说一个人如果连自己的家庭都不能教化，还说能教化一国的人民，这样的人是绝不会有的。所以君子不走出家门，就能达到教化全国的功效。在家能孝顺父母，做官时就能效忠君王；在家能敬爱兄长，做官时就能服从长官；在家能关爱子女，做官时就能爱护百姓。《尚书·康诰》说："爱护百姓就像爱护幼小的孩子。"用做父母的心意来揣摩人民的心意，虽然不会完全符合人民的意愿，但也不会相差太远。这不用学习就能做到，女人从来不是先学会养育孩子然后再出嫁的。一家人都有仁爱的心理，整个国家也就会兴起仁爱；一家人都谦让，整个国家也就会兴起谦让；身为国君贪婪无道，整个国家也就会混乱。这种联系就是这样紧密的。所以一句话讲错，事情就失败；一个人做事得当，国家就可以安定。

从前尧、舜治理天下倡导仁义，人民跟着这样去做；桀、纣治理天下推崇暴力，人民也跟着效仿。桀、纣虽然也号令人民培养美好的道德，但他们的实际做法却正好相反，人民谁还会服从呢？所以君子必须先具备美德，然后才能够要求别人；自己没有恶劣的行为才有资格号召人民禁止作恶。自己做到了，再让别人做，这就是恕道。自己做不到却让别人去做，这样的命令一定难以施行。所以说要治理好自己的国家，首先要管理好自己的家庭。

《诗经·桃夭》说："桃花鲜艳，树叶茂盛。这个好女子，出嫁到夫家，全家都满意。"君子必须先让全家愉快，然后才能教化一国的百姓。《诗经·蓼萧》说："君子在国，弟敬兄长，兄爱弟弟。"君子先能使兄弟友爱，然后才能教化国人。《诗

经·鸤鸠》说："君子的仪表没有差错，是四方人民的表率。"君子能够作为全家人行动的表率，才值得全国人民去学习。这就是说要治理好国家，先要管理好自己的家庭。

[以上是传文的第九章，解释"齐家治国"。]

◎ 原文注释

〔1〕成教：成功地教化。教，教化，指精神感化。

〔2〕弟 (tì 替)：同"悌"，指弟弟应敬爱兄长。

〔3〕慈：指父母爱子女，也指君王爱平民。

〔4〕偾 (fèn 奋)：败坏。

〔5〕尧、舜：传说中父系氏族社会后期部落联盟的两位领袖。历代被认为是圣君。

〔6〕桀 (jié 杰) 纣：历来均被认为是暴君。桀，夏代最后一位君主。纣，商代最后一位君主。

〔7〕夭夭 (yāo 妖)：妖艳的样子。蓁蓁 (zhēn 真)：茂盛的样子。之：此。子：女子。归：女子出嫁。

〔8〕仪：指威仪。忒 (tè 特)：差错。

所谓平天下在治其国者，上老老而民兴孝；上长长而民兴弟；上恤孤而民不倍[1]。是以君子有絜矩之道也[2]。所恶于上，毋以使下；所恶于下，毋以事上；所恶于前，毋以先后；所恶于后，毋以从前；所恶于右，毋以交于左；所恶于左，毋以交于右：此之谓絜矩之道。

《诗》云："乐只君子，民之父母[3]。"民之所好好之，民之所恶恶之，此之谓民之父母。《诗》云："节彼南山，维石岩岩，赫赫师尹[4]，民具尔瞻。"有国者不可以不慎，辟则为天下僇矣[5]！《诗》云："殷之未丧师，克配上帝。仪监于殷，峻命不易。"道得众则得国，失众则失国。是故君子先慎乎德。有德此有人，有人此有土，有土此有财，有财此有用[6]。德者本也，财者末也。外本内末[7]，争民施夺[8]。是故财聚则民散，财散则民聚。是故言悖而出者，亦悖而入；货悖而入者，亦悖而出。

所谓平定天下在于治理好国家，就是说在上位的人能够敬养老人，民众就会盛行孝道；在上位的人能够敬重长者，民众就会盛行悌道；在上位的人怜恤孤儿，民众都会顺从而不背逆。所以君子要用这种办法来平定天下。如果处在别人的下面，很厌恶上级的做法，就不拿这种做法来对待我的下级。如果我处在别人的上面，很厌恶下级的做法，我就不拿这种做法来对待我的上级；如果我厌恶前面人的行为，就不要用这种行为对待我后面的人；如果我厌恶后面人的行为，就不要用这种行为对待我前面的人；如果我厌恶右边的人交给我的事，我就不把这件事交给左边的人；如果我厌恶左边的人交给我的事，我就不把这件事交给右边的人：这就是所说的"絜矩之道"。

《诗经·南山有台》说："快乐的君子啊，他是人民的父母。"这位君子，对于人民所嗜好的，顺从人民的心理也嗜好；对于人民所厌恶的，顺从人民的心理也厌恶。这就是所说的人民的父母啊。《诗经·节彼南山》说："高高耸立的那座南山啊，岩石险峻。声威显赫的尹太师啊，人民十分敬仰。"肩负国家重任的人对于政事都要小心谨慎，一旦有偏差，就会身败国亡，蒙受天下的大耻。《诗经·文王》说："殷朝的先王没有失去民心的时候，能够顺应天意统治人民。我们周朝应该借鉴商朝的教训，能够守住天命是十分不易的。"能够获得民心，就能获得国家；失去民心，国家也就会灭亡。所以君子要慎修明德，有了明德人民就会拥护，人民拥护就会拥有土地，有了土地就会拥有财富，有了财富国家才能运作。拥有美德是平定天下的根本，财物只是平定天下的末事。假如把美德这个根本看得很轻，而把财物这些末事看得很重，天下的人民就会尽力争夺利益。这样，财物虽然集中在上层人的手中，但下层人民却流离失散。假如国君把美德看作根本，把财物看成无关紧要的东西，把财物散布给人民，天下的人民就会聚集到这里。所以说国君政令违反道理，人民也会用无理回敬他；财物不合理地搜刮进来，人民也会无理地把它们抢回去。

◎ 原文注释

〔1〕恤：体恤，周济。孤：幼年丧父称孤。倍：通"背"，违背。

〔2〕絜（xié 协）矩之道：儒家伦理思想之一，指君子的一言一行要有示范作用。絜，量度。矩，制作方形物件的工具。

〔3〕乐（luò 落）：用礼乐（yuè 月）进行娱乐。只：助词。

〔4〕节：高大。赫赫：显赫有权势的样子。师尹：太师尹氏可能是指周宣王时做过太师的尹吉甫的后代。太师是周代的三公之一。

〔5〕僇（lù 路）：通"戮"，杀戮。

〔6〕用：指供国家享用的各项货物。

〔7〕外本内末：将根本当作外，将枝末当作内，意为喧宾夺主，主次颠倒。本，指德。末，指财。外，意为轻视。内，意为重视。

〔8〕争民：与民争利。施夺：施行劫夺。

《康诰》曰："惟命不于常。"道善则得之，不善则失之矣。《楚书》曰："楚国无以为宝，惟善以为宝。"舅犯曰："亡人无以为宝，仁亲以为宝。"《秦誓》曰："若有一个臣，断断兮无他技 [1]，其心休休焉 [2]，其如有容焉 [3]。人之有技，若己有之；人之彦圣 [4]，其心好之，不啻若自其口出，寔能容之 [5]，以能保我子孙黎民，尚亦有利哉。人之有技，媢疾以恶之 [6]；人之彦圣，而违之俾不通，寔不能容，以不能保我子孙黎民，亦曰殆哉！"唯仁人放流之 [7]，进诸四夷 [8]，不与同中国。

此谓唯仁人为能爱人，能恶人。见贤而不能举，举而不能先，命也；见不善而不能退，退而不能远，过也。好人之所恶，恶人之所好，是谓拂人之性，灾必逮夫身 [9]。是故君子有大道，必忠信以得之，骄泰以失之。

《尚书·康诰》说："上天的命令不会是始终不变的。"国君道德美好，天命就归于他；道德败坏，天命就离他而去。《楚书》说："楚国不把美玉宝石当成宝贝，只把善当成宝贝。"晋国舅犯说："在外流亡的人没有什么宝贝，只把仁爱当成宝贝。"《尚书·秦誓》说："我很希望得到一个大臣，外貌朴实好像没有特殊的技能，但心志淡然度量宏大。见他人怀有技能，就像自己拥有一样，必定设法重用；见他人有美好的德行，不仅口头称扬，而且内心喜欢，必定设法容纳，这样的大臣一定能够保护我的子孙和民众长久享受太平幸福，对国家大有好处。假如一个大臣见到别人有一技之长，就感到嫉妒而反感他；见别人有美好的德行就设法阻止压制他，使他在朝廷上无用武之地，这实在是没有容人的度量；这样的大臣不但不能保护我的子孙人民，而且国家还会有灭亡的危险。"讲仁义的人一定要把这些嫉贤妒能之辈放逐到边远的地方，不让他们留在国中。

这就是说讲仁义的人既会爱护人，也要会憎恶人，要爱憎分明。见到贤人而不举荐，举荐之后不能重用，这样的过失就是怠慢；见到不好的人却不能让他离开，让他离开后又不能把他驱逐到远方，这样的过失就是纵容。喜欢人人都厌恶的东西，厌恶人人都喜欢的东西，这是不符合天下人民好恶的常性。这种人必定要身遭大祸。所以说君子不断提高修养，希望达到仁义的境界，一定要先做到忠信，然后才能达到这个境界，如果骄傲放纵永远也不会达到。

◎ 原文注释

1　断断：真诚不二的样子。

2　休休：一心向善的样子。

3　有容：心胸宽广。

4　彦圣：指德才兼美的人。彦，美。圣，通「明」。

5　寔：实。

6　媢疾：妒忌。

7　放流之：放流，流放、放逐，之，指上述不能容人的人。

8　迸诸四夷：把他们摒弃到四方不开化的地方。迸，即「屏」，逐退。四夷，四方之夷。

9　逮：及，到。夫：助词，此。

生财有大道，生之者众，食之者寡，为之者疾，用之者舒，则财恒足矣。仁者以财发身[1]，不仁者以身发财。未有上好仁而下不好义者也，未有好义其事不终者也，未有府库财非其财者也[2]。孟献子曰："畜马乘，不察于鸡豚[3]；伐冰之家[4]，不畜牛羊；百乘之家，不畜聚敛之臣[5]。与其有聚敛之臣，宁有盗臣[6]。"此谓国不以利为利，以义为利也。长国家而务财用者[7]，必自小人矣。彼为善之[8]，小人之使为国家，灾害并至，虽有善者，亦无如之何矣[9]。此谓国不以利为利，以义为利也。

[右传之十章，释"治国平天下"。凡传十章。前四章统论纲领旨趣，后六章细论条目功夫。其第五章乃明善之要，第六章乃诚身之本，在初学尤为当务之急，读者不可以其近而忽之也。]

国家变得富裕要有正确的途径，生产财富的人多，耗费财物的人少，生产财富的人勤劳，使用财富的节俭，这样财货就会常常充足。有仁义道德的国君，懂得散财养民，这是用散财来赢得尊重；没有仁义道德的国君，不惜性命去搜刮人民的财富，财富充足了身体却危险了，这是用身体去发财。国君喜爱仁德，民众没有不喜爱道义的，喜爱道义就会全力做好国君的事，不会有始无终。而且民众对府库中的财物也会当作自己的财物，不去抢劫。鲁国大夫孟献子说："士人做了大夫，俸禄丰厚，能够养四匹马，就不要再去养鸡猪，来争夺小民的利益；卿大夫以上的官，俸禄更厚，能够凿冰办理丧事和祭祀，就不要畜养牛羊，争夺小民的利益；拥有百辆兵车的卿大夫，俸禄极厚，就不要任用聚敛财物的臣下，以免剥夺民财。与其有聚敛财物的臣下，不如有偷盗库府的臣下。前者使人民受害，后者只让一人受损。"这就是说身为国君不应该把财物看成利益，而应该把仁义看成利益。国君是一国的最高长官，却一心一意搜刮人民的财富，这个过失一定是小人唆使的。国君还把小人当成是良臣，任用这种小人治理国政，天灾人祸都会到来，即使改用君子，也没有挽回的希望了。所以说国君不要把财物看成利益，而应把仁义看成利益。

[以上是传文的第十章，解释"治国平天下"。传文一共十章，前四章统论纲领、大意和旨趣，后六章细论各条内容并深入研究。其中第五章是阐述善的要领，第六章阐述诚意修身是根本，对于初学者尤其是当务之急，读者不能因为意义浅近而忽视它。]

28

◯ 品画鉴宝　掐丝珐琅应龙纹三足炉·明

炉为鼎式，圆腹，铜镀金双立耳，三个兽首吞柱足。通体施蓝
色珐琅釉为底，腹部饰两条龙，炉内及底铜镀金。

◎ **原文注释**

〔1〕发身：意为提高品德修养。发，发起，发达。

〔2〕府库：古代国家收藏财物文书的地方。府，指机构。库，指建筑物，库房。

〔3〕畜马乘（shēng 剩）：指初做大夫官的人。畜，养。乘，用四匹马拉的车。
　　不察于鸡豚（tún 屯）：计较鸡猪一样的小利。

〔4〕伐冰之家：丧祭时能用冰保存遗体的家族，指卿大夫。

〔5〕百乘之家：拥有一百辆车乘的人，指有封地的诸侯王。聚敛之臣：搜括钱财
　　的家臣。聚，聚集。敛，征收。

〔6〕盗臣：盗窃府库钱财的家臣。

〔7〕长（zhǎng 掌）：成为国家之长，即君王。务：专心。

〔8〕彼：指统治国家的君王。

〔9〕无如之何：无法对付。

论 语

半部《论语》治天下

子曰:"学而时习之,不亦说乎?有朋自远方来,不亦乐乎?人不知而不愠,不亦君子乎?"

有子曰:"其为人也孝弟,而好犯上者,鲜矣;不好犯上,而好作乱者,未之有也。君子务本,本立而道生。孝弟也者,其为仁之本与!"

子曰:"巧言令色,鲜矣仁!"

曾子曰:"吾日三省吾身:为人谋而不忠乎?与朋友交而不信乎?传不习乎?"

子曰:"道千乘之国,敬事而信,节用而爱人,使民以时。"

子曰:"弟子入则孝,出则弟,谨而信,泛爱众,而亲仁。行有余力,则以学文。"

第一篇 学而

子曰[1]:"学而时习之[2],不亦说乎[3]?有朋自远方来[4],不亦乐乎?人不知而不愠[5],不亦君子乎[6]?"

孔子说:"学习知识,然后按时去温习它,不也很高兴吗?有朋友从远方来,不也很快乐吗?不被别人理解而不怨恨,不也是有修养的君子吗?"

◎ 原文注释

〔1〕子:古时对人的尊称,这里指对老师的尊称。《论语》中"子曰"的"子"均指孔子。〔2〕时:时时,经常。习:演习,复习。〔3〕说(yuē月):音、义均同"悦",高兴,愉快。〔4〕朋:朋友。〔5〕知:了解。愠(yùn运):怒,怨恨。〔6〕君子:指道德高尚的人。

○ 品画鉴宝　兽目交连纹温鼎·西周

有子曰[1]："其为人也孝弟[2]，而好犯上者，鲜矣[3]；不好犯上，而好作乱者[4]，未之有也。君子务本[5]，本立而道生[6]。孝弟也者，其为仁之本与[7]！"

有若说："为人孝顺父母、尊敬兄长却喜欢触犯上级，这种人是很少有的；不喜欢触犯上级却喜欢造反，这种人更是从来没有的。君子致力于根本，根本确立了道德原则就会产生。孝顺父母、尊敬兄长，这就是仁爱的根本吧！"

◎ **原文注释**

〔1〕有子：春秋末期鲁国人，孔子的学生，姓有，名若。

〔2〕孝弟（tì替）：孝弟是儒家基本的道德准则。孝，子女善事父母称孝。弟，同"悌"，弟弟尊重兄长。

〔3〕鲜（xiǎn显）：少。

〔4〕作乱：制造叛乱。

〔5〕务本：致力于基础工作。

〔6〕道：指道德。

〔7〕仁：一种含义广泛的道德观念，核心是人与人之间相互亲爱。孔子把它作为最高的道德标准。与（yú于）：同"欤"，语气助词，用于句尾，表疑问，相当于"吗""吧"。

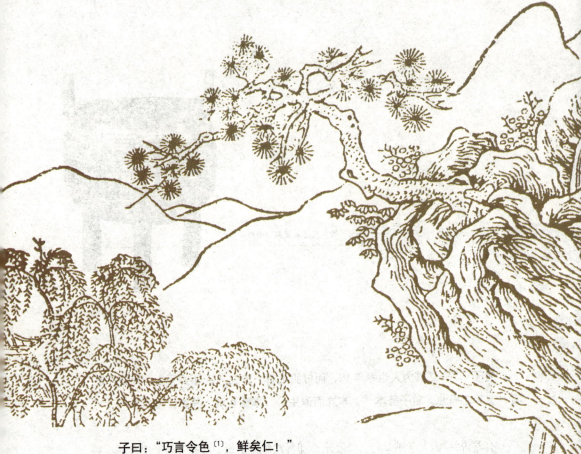

子曰："巧言令色[1]，鲜矣仁！"

曾子曰[2]："吾日三省吾身[3]：为人谋而不忠乎[4]？与朋友交而不信乎[5]？传不习乎[6]？"

孔子说："花言巧语，面貌伪善，这种人是很少有仁德的。"

曾子说："我每天都要再三反省自己：帮助别人办事是否尽心？与朋友交往是否诚恳？老师传授的学业是否温习了？"

◎ 原文注释

[1] 巧言：动听的话，花言巧语。令色：伪善面貌，谄媚之态。[2] 曾子：姓曾，名参（shēn 身），字子舆。春秋时期鲁国人，孔子的学生，以孝道著称，有较高的德行。[3] 三省（xǐng 醒）：多次自我反省。"三"表示多数，不是实指。[4] 谋：谋划，办事。忠：这里是竭心尽力的意思。[5] 信：诚实，守信用。儒家做人准则之一。[6] 传（chuán 船）：指老师所传授给学生的。习：温习，复习。

子曰："道千乘之国[1]，敬事而信[2]，节用而爱人[3]，使民以时[4]。"

子曰："弟子入则孝[5]，出则弟[6]，谨而信[7]，泛爱众[8]，而亲仁[9]。行有余力，则以学文[10]。"

孔子说："治理一个拥有千辆兵车的国家，就要认真对待政事并且讲究信用，节省用度来爱护官吏，役使人民要在农闲的时候。"

孔子说："学生在家应该孝顺父母，外出应该尊敬长者，办事要谨慎，讲话要诚实可信，博爱大众并亲近有仁德的人。做到这些以后，如果还有余力就去学习文化知识。"

◎ 原文注释

[1] 道：治理，管理。乘（shēng 胜）：春秋时兵车的计量单位。古代四匹马拉一辆兵车，称作"乘"。兵车辆数的多寡是一个国家强弱的标志。

[2] 敬：专心致志。事：政事。

[3] 节：节约，节俭。用：财佣。

[4] 使：役使，指征用劳力。民：指下层普通老百姓。时：指农闲的时候。

[5] 弟子：泛指子弟，年幼的人。

[6] 弟：同"悌"，引申为敬爱尊长。

[7] 谨：指行为有常规。

[8] 泛：广泛。众：众人。

[9] 仁：仁德之人。

[10] 以：这里作"用"讲。文：指《诗》《书》等典籍。

仿李营丘秋山读书图·清·王翚

子曰："君子不重则不威[1]，学则不固。主忠信[2]，无友不如己者[3]，过则勿惮改[4]。"

曾子曰："慎终[5]，追远[6]，民德归厚矣[7]。"

孔子说："君子如果不庄重就没有威严，即使学了东西也不能巩固。要坚持忠诚与信义，不要结交不如自己的人，有了过错就要不怕改正。"

曾子说："慎重地对待父母的死亡，虔诚地追念祖先，自然会导致民风归于淳厚朴实了。"

◎ 原文注释

[1] 重：自重、庄重。

[2] 主：注重，坚持。

[3] 无：同"毋"，不要。不如己者：指忠信不如自己的人。

[4] 过：过失，过错。惮（dàn但）：害怕。

[5] 慎终：老死为终。这里指父母的死亡。慎，谨慎。

[6] 追远：指祭祀要尽量做到有诚心。追，追念。远，指祖先。

[7] 德：德行。厚：仁厚。

子禽问于子贡曰[1]："夫子至于是邦也[2]，必闻其政[3]，求之与？抑与之与[4]？"子贡曰："夫子温、良、恭、俭、让以得之[5]。夫子之求之也，其诸异乎人之求之与[6]？"

子曰："父在，观其志[7]；父没[8]，观其行；三年无改于父之道，可谓孝矣。"

子禽问子贡道："先生每到一个国家，就一定会知道那里的政事，是从别人那里打听来的呢，还是别人主动告诉他的呢？"子贡说："先生是靠温和、善良、恭敬、节俭、谦逊五种美德获得的。先生获得的方法，大概不同于别人获得的方法吧？"

孔子说："一个人当父亲在世时，要观察他的志向；当父亲去世后，观察他的行为；如果长时间不改变父亲的原则，这也可以说是做到孝了。"

◎ 原文注释

[1] 子禽：姓陈，名亢（kāng 抗），字子禽。子贡：姓端木，名赐，字子贡。两人都是孔子的学生。

[2] 夫子：古代一种敬称，凡做过大夫的人就可被称为"夫子"。孔子曾做过鲁国的司寇，所以他的学生称他为夫子。后来，夫子就成为老师的同义语。

[3] 闻：听闻、知悉。政：政事。

[4] 与之与：前一"与"（yǔ 雨）作动词用，即告与，后一"与"（yú）同欤，助词，用于句尾表疑问。

[5] 温：温和。良：善良。恭：恭敬。俭：节俭。让：谦逊。

[6] 其诸：表示推测的语气词，有"或者""大概"的意思。

[7] 其：他的，指儿子的。古时父亲在世，儿子不得自专擅行，但其志向却可以观察。

[8] 没：同"殁"，去世。

有子曰："礼之用[1]，和为贵[2]。先王之道，斯为美[3]，小大由之[4]。有所不行，知和而和，不以礼节之[5]，亦不可行也。"

有子曰："信近于义[6]，言可复也[7]。恭近于礼，远耻辱也[8]。因不失其亲[9]，亦可宗也[10]。"

有子说："礼仪的施行，做到恰到好处才算可贵。从前君主的治国方法，可贵的地方就在这里，大小事情都遵循这个去做。但也有的地方行不通，如果一味地追求恰到好处，而不用礼法去限制它，那也是行不通的。"

有子说："信约符合道义，诺言就可以实现。恭敬的态度符合礼仪，就可以避免耻辱。依靠自己亲近的人，也就可靠了。"

◎ 原文注释

[1] 礼：古时规定社会行为的法则、规范、仪式的总称。用：应用、施行。

[2] 和：合适，恰当。

[3] 斯：这个。

[4] 小大：小事大事。由：经过，遵循。

[5] 节：节制，制约。

[6] 信：诚实。近：符合，合于。

[7] 言可复：诺言可以实现。言，诺言。复，告诉回答，引申为履行，兑现。

[8] 远（yuǎn院）：动词，使之远离的意思。

[9] 因：依靠，凭借。

[10] 宗：主，可靠。

○ 品画鉴宝 黄地红绿彩寿字形壶·清

子曰："君子食无求饱，居无求安，敏于事而慎于言[1]，就有道而正焉[2]，可谓好学也已[3]。"

子贡曰："贫而无谄[4]，富而无骄，何如[5]？"子曰："可也。未若贫而乐，富而好礼者也。"子贡曰："《诗》云：'如切如磋，如琢如磨[6]。'其斯之谓与？"子曰："赐也，始可与言《诗》已矣！告诸往而知来者[7]。"

子曰："不患人之不己知[8]，患不知人也。"

孔子说："君子饮食不贪求饱足，居住不要求舒适，勤敏地做事，谨慎地说话，接近有道德的人并用以改正自己，这样就可以叫作好学了。"

子贡说："贫穷而不谄媚，富有而不骄横，怎么样？"孔子说："可以。但还不如贫困却快乐，富贵而好礼的人。"子贡说："《诗经》上说：'像制骨器、玉石一样，不断地切磋琢磨，精益求精'。不就是这个意思吗？"孔子说："子贡呀，现在可以和你讨论《诗经》了，(因为)告诉你一件事，你就可以举一反三，领悟不知道的事。"

孔子说："我不担心别人不了解自己，只担心自己不了解别人。"

◎ 原文注释

[1] 敏：勤勉，努力。慎：谨慎。

[2] 就：靠近，接近。有道：指有道德的人。正：匡正，明是非。

[3] 已：语气词，放在句尾，表示确定。

[4] 谄 (chǎn 产)：巴结，奉承，献媚。

[5] 何如：怎么样。

[6] 切：把骨头做成各种形状。磋：把象牙做成各种形状。琢：雕刻玉石。磨：磨光。

[7] 诸：之。往：过去的，这里指已告知的道理。来者：未来的，这里指尚未告知的道理。

[8] 患：害怕，忧虑，担心。不己知："不知己"的倒装。

第二篇 为政

子曰："为政以德[1]，譬如北辰[2]，居其所而众星共之[3]。"

子曰："《诗》三百[4]，一言以蔽之[5]，曰'思无邪[6]'。"

孔子说："用道德来治理国政，执政者就好像北极星一样，定居在自己的位置上，而群星围绕着它。"

孔子说："《诗经》三百篇，用一句话来概括它，就是'思想纯正无邪'。"

◎ 原文注释

〔1〕为政：治理国政，处理政务。

〔2〕北辰：北极星。

〔3〕居其所：居位不移。古人以为北极星是不动的。共：同"拱"，环抱，围绕的样子。

〔4〕《诗》三百：《诗经》共有诗三百零五篇，这里说"三百"，是举其整数。

〔5〕蔽：概括。

〔6〕思无邪：语出《诗·鲁颂·駉》。这里的意思是心无邪念，思想纯正。

○ 品画鉴宝　豳风图·南宋·马和之

子曰："道之以政[1]，齐之以刑[2]，民免而无耻[3]；道之以德，齐之以礼，有耻且格[4]。"

孔子说："用政令来训导，用刑法来整治，那么人民只会暂时躲避罪过而不知耻辱；如果用道德来引导，用礼教来整治，那么人民不但会有耻辱感而且还会自己纠正错误。"

◎ 原文注释

[1] 道：同"导"，引导。政：政令。

[2] 齐：整齐，约束。

[3] 免：免除，避免。这里指苟免犯罪，不受刑罚之祸。无耻：不知耻，没有廉耻之心。

[4] 格：纠正。

子曰："吾十有五而志于学[1]，三十而立[2]，四十而不惑[3]，五十而知天命[4]，六十而耳顺[5]，七十而从心所欲，不逾矩[6]。"

孔子说："我十五岁时立志学习，三十岁时说话、做事有分寸，四十岁时不再感到困惑，五十岁时懂得了天命，六十岁时能听进去任何话，七十岁时便随心所欲，心里怎样想怎样做，而不会越出规矩。"

◎ 原文注释

[1] 有：通"又"，连词，用于整十数和零数之间。

[2] 立：懂礼仪，有成就。

[3] 不惑：不受迷惑。这里是说，到四十岁，学问已很渊博，不会受迷惑。

[4] 天命：上天的意志，并主宰人类的命运。

[5] 耳顺：顺，通顺不逆。耳顺，指听到别人说的话，用不着怎么思考，便能领会。

[6] 从：随。逾：超过。矩：规矩，法度。

孟懿子问孝[1]。子曰："无违[2]。"樊迟御[3]，子告之曰："孟孙问孝于我，我对曰'无违'。"樊迟曰："何谓也？"子曰："生，事之以礼；死，葬之以礼，祭之以礼。"

孟懿子向孔子请教什么是孝。孔子说："孝就是不要违背礼节。"樊迟替孔子驾车，孔子告诉他说："孟孙向我请教孝道，我回答说，不要违背礼节。"樊迟说："这是什么意思呢？"孔子说："父母在世时，要按礼节侍奉他们；父母去世后，按礼节安葬他们，按礼节祭祀他们。"

◎ 原文注释

〔1〕孟懿子：春秋时期鲁国大夫，姓仲孙，名何忌，"懿"是谥号。

〔2〕无违：不要违背理。（不背于理，才能事事守礼。）

〔3〕樊迟御：樊迟，孔子学生，名须，字子迟。御，赶车。这句是说樊迟为孔子驾车。

○ 品画鉴宝 掐丝珐琅瓜蝶纹瓜式灯座·明

孟武伯问孝[1]。子曰："父母唯其疾之忧[2]。"

子游问孝[3]。子曰："今之孝者，是谓能养[4]。至于犬马，皆能有养；不敬[5]，何以别乎？"

子夏问孝。子曰："色难[6]。有事，弟子服其劳[7]；有酒食，先生馔[8]，曾是以为孝乎[9]？"

孟武伯向孔子请教什么是孝。孔子说："做儿女的只担心父母会有疾病。"

子游向孔子请教什么是孝。孔子说："现在所说的孝，只是能够奉养父母。要知道就是狗、马，也都能够得到饲养；如果对父母没有恭敬之心，那么奉养父母与饲养狗马有什么区别呢？"

子夏向孔子请教孝道。孔子说："在父母面前做到和颜悦色最难能可贵。有事情，晚辈替他们出力；有美酒饭食，让父母先吃，难道这就是孝顺了吗？"

◎ **原文注释**

〔1〕孟武伯：姓仲孙，名彘。谥号武，孟懿子的儿子。

〔2〕唯：只有，只要。其：代词，这里指父母。疾：病。

〔3〕子游：孔子学生，姓言，名偃，字子游。

〔4〕养：供奉饮食给父母。

〔5〕敬：指恭恭敬敬地孝顺父母。

〔6〕色：和悦的脸色。指心里敬爱父母，脸上和言悦色。

〔7〕弟子：晚辈。指儿女。

〔8〕先生馔（zhuān 转）：让父母先吃。先生，年长者，这里指父母兄长。馔，吃喝。

〔9〕曾（céng 层）：副词，难道。是：此，这个。以为：认为。

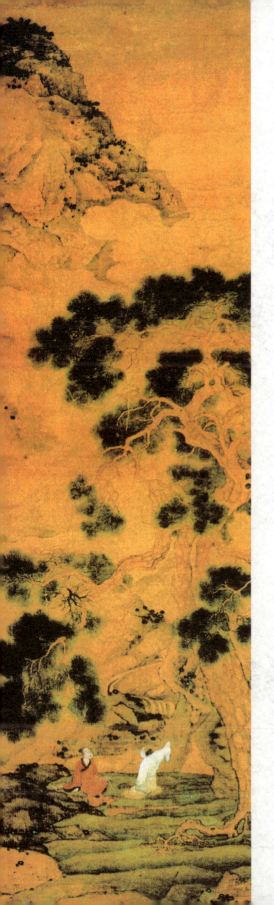

子曰："吾与回言终日[1]，不违如愚[2]。退而省其私[3]，亦足以发。回也不愚。"

子曰："视其所以[4]，观其所由[5]，察其所安[6]。人焉廋哉[7]，人焉廋哉？"

孔子说："我和颜回整日谈论，他从不提出反对的意见和疑问，好像很愚笨。等他回去我再考察他的情况，他对我所讲的内容也能够有所发挥。可见颜回并不愚笨啊！"

孔子说："看他的所做所为，观察他做事的动机，了解他的心情，安于什么，不安于什么。他怎么能够隐瞒得住呢？他怎么能够隐瞒得住呢？"

◎ **原文注释**

[1] 回：指颜回，字子渊，孔子的学生。终日：整天。

[2] 违：违背。愚：遇钝，愚笨。

[3] 省：观察，考察。

[4] 以：根据，原因，言行的动机。

[5] 观：细看。由：经由，走的道路。指为达到目的而采用的方式。

[6] 安：安心。所安，指一个人安于做什么或不安于做什么。

[7] 焉廋（sōu 搜）：何处隐瞒。焉，何处。廋，隐藏，隐瞒。

◎ 品画鉴宝　论松图·清·顾符稹

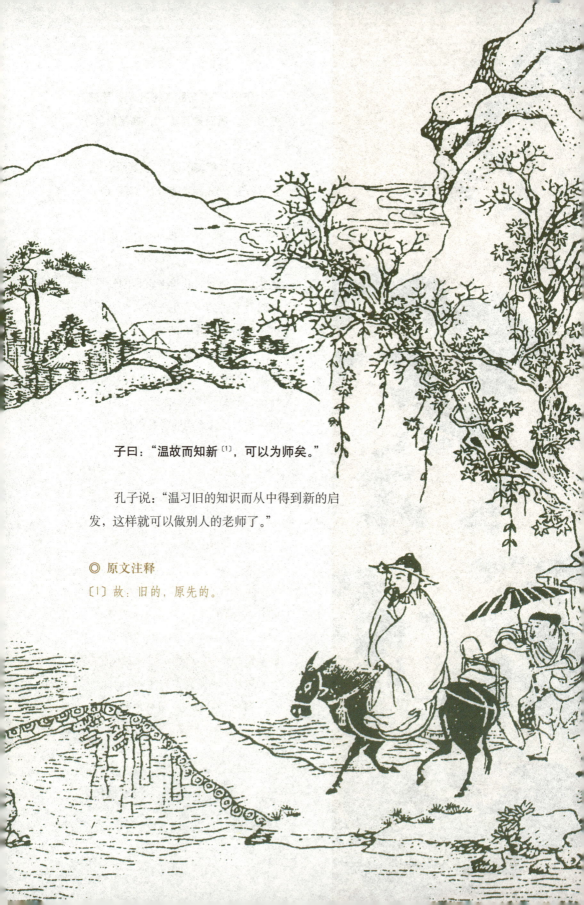

子曰："温故而知新[1]，可以为师矣。"

孔子说："温习旧的知识而从中得到新的启发，这样就可以做别人的老师了。"

◎ 原文注释

〔1〕故：旧的，原先的。

子曰："君子不器[1]。"

子贡问君子。子曰："先行其言而后从之。"

孔子说："君子不能像器皿一样（只有一种用途）。"

子贡向孔子请教怎样才能做一个君子。孔子说："君子应该是对自己想要说的话先去实践，做到了然后再说出来。"

◎ 原文注释

[1] 君子：古代有学问、有道德、有作为的人。器：器皿。只有一种固定用途的东西，比喻人只具备一种知识，一种才能，一种技艺。

◎ 品画鉴宝　邑鼎·商

子曰："君子周而不比[1]，小人比而不周。"

子曰："学而不思则罔[2]，思而不学则殆[3]。"

孔子说："君子讲团结而不去和人勾结，小人只和别人勾结而不讲团结。"

孔子说："只读书而不思考就会感到迷惘无所得，只是空想而不读书就会缺乏信心而懈怠。"

◎ 原文注释

[1] 周：周围的人相处得很好，合群，团结。比：本义是并列，挨着，在这里有贬义，指为私情而勾结，拉帮结伙，结党营私。

[2] 罔（wǎng 往）：同"惘"，迷惑，昏而无得。

[3] 殆（dài 代）：懈怠。

子曰:"攻乎异端[1],斯害也已[2]。"

子曰:"由[3],诲女知之乎[4]！知之为知之,不知为不知,是知也[5]。"

孔子说:"攻击那些不正确的言论,祸患就会消失。"

孔子说:"仲由呀,我教给你的东西都懂了吗！懂了就是懂了,不懂就是不懂,这才是智慧啊。"

◎ 原文注释

〔1〕攻乎异端:批评那些不正确的言论。攻:攻击,批评。异端,指不同于孔子学说的异端邪说。

〔2〕斯害也已:这种祸患就会消灭。斯,此,这。已,停止,消灭。

〔3〕由:孔子学生,姓仲名由,字子路。

〔4〕诲(huì 会)女:教导你(的东西)。诲,教导。女,同"汝",你。

〔5〕知:同"智",智慧。

○ 品画鉴宝　文竹几式文具匣·清
文具匣为五屉小几,上承一瓶式盒,一束腰式盒,一书式盒。此器采用阴刻、镂空及文竹镶嵌工艺制成,是案头文玩清供中具有宫廷趣味的器具。

子张学干禄[1]。子曰:"多闻阙疑[2],慎言其余,则寡尤[3];多见阙殆,慎行其余,则寡悔。言寡尤,行寡悔,禄在其中矣。"

子张向孔子请教求官职俸禄的方法。孔子说:"多听,有疑问的地方持保留态度,对有把握的问题谨慎地提出意见,就能减少错误;多看,有疑问的地方持保留态度,对有把握的事情慎重地去做,就能减少懊悔。说话少错误,做事少后悔,官禄就在这里面了。"

◎ 原文注释

〔1〕 子张:姓颛孙,名师,字子张。陈国人。干禄(lǔ 录):寻求官禄、福气。干,求。禄,旧时官吏的薪俸。禄又作"福"解,即福气、福德。

〔2〕 阙疑:有疑问的地方要保留。阙,这里同"缺",保留的意思。疑,疑问。下文"阙殆"与"阙疑"用法相同。

〔3〕 尤:错误。

○ 品画鉴宝 雷纹鬲·春秋

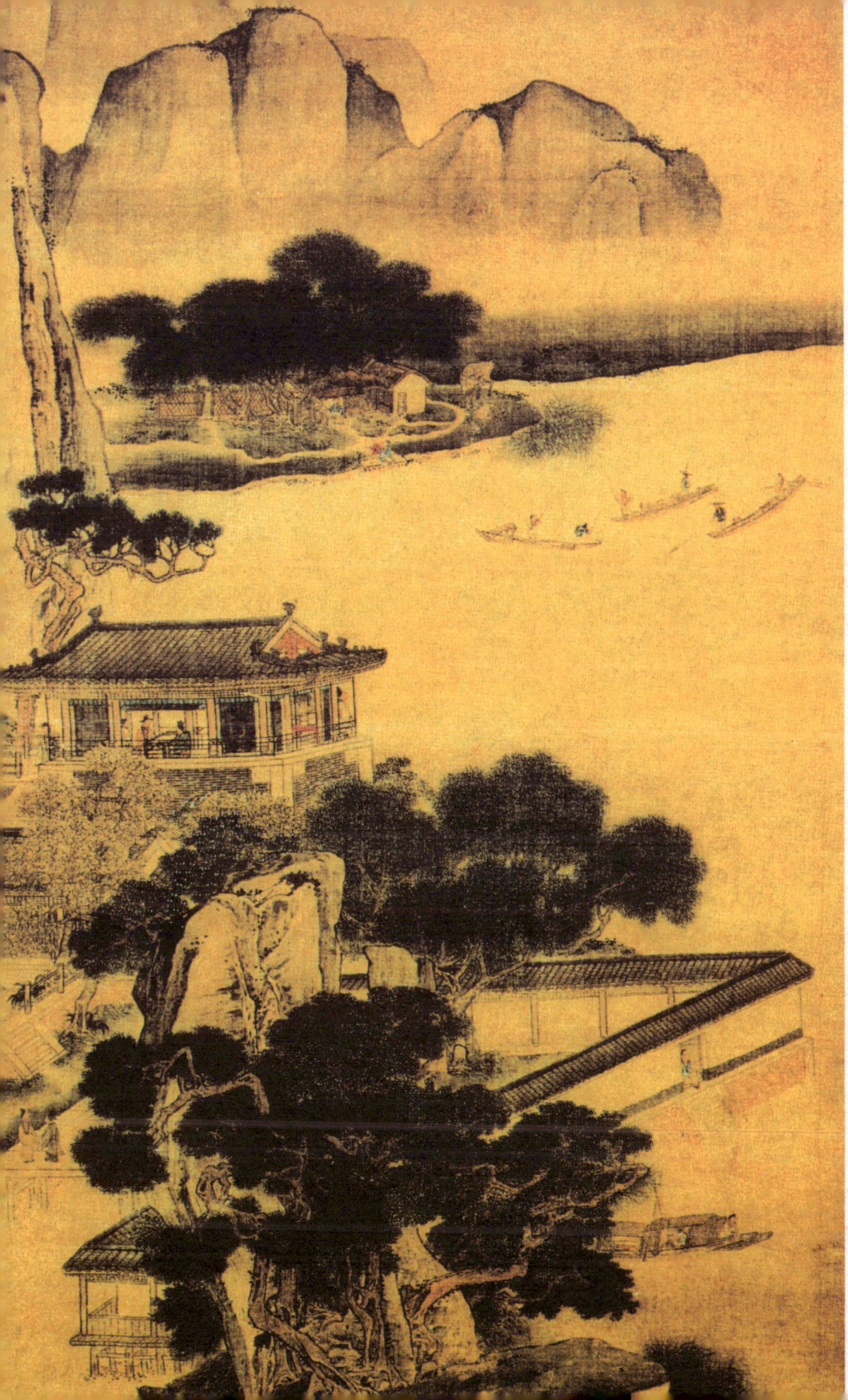

江楼对弈图·清·颜峄

哀公问曰[1]："何为则民服[2]？"孔子对曰[3]："举直错诸枉[4]，则民服；举枉错诸直，则民不服。"

鲁哀公问道："怎样做才能让民众服从？"孔子回答说："提拔正直的人，让他们处在不正直的人上面，民众就会服从；如果提拔不正直的人放在正直的人上面，那民众就不会服从。"

◎ 原文注释

[1] 哀公：鲁国鲁定公的儿子，姓姬，名蒋。"哀"是死后的谥号。

[2] 何为：怎样做。何，怎么，怎样。为，做，作。

[3] 对曰：《论语》中凡臣对答君主的问话，一定用"对曰"，表示尊敬。这里孔子为臣，回答哀公所问，故用"对曰"。

[4] 举：提拔，举用，任用。直：正直。这里指正直的人。错：放置。诸：之于的合音。枉：不正直，不正派。这里指行为邪恶的人。

○ 品画鉴宝　紫檀木雕虬龙夔凤纹笔筒·清

季康子问[1]：“使民敬[2]、忠以劝[3]，如之何？”子曰：“临之以庄[4]，则敬；孝慈，则忠；举善而教不能，则劝。”

季康子问道：“要让民众严肃认真、忠诚和勤勉，应该怎么做？”孔子说：“用严肃认真的态度对待民众，他们对你的政令就会严肃认真；你孝顺父母慈爱民众，他们就会忠诚；你提拔能干的人，教育能力差的人，他们就会勤勉。”

◎ 原文注释

〔1〕季康子：姓季孙，名肥。春秋时期鲁国的大夫，鲁哀公时鲁国最有权力的人。

〔2〕使：让。

〔3〕以：连接词，相当于“而”。劝：鼓励。

〔4〕临：诏临，对待。

　　或谓孔子曰[1]："子奚不为政[2]？"子曰："《书》云[3]：'孝乎！惟孝，友于兄弟，施于有政[4]。'是亦为政，奚其为为政？"

　　有人对孔子说："你为什么不参与政治？"孔子说："《尚书》上说：'孝呀！只有孝顺父母的人，才能推及到友爱兄弟上面去，并把这种风气影响到政治上。'这也算是参与了政治，为什么一定要当官才能参与政治呢？"

◎ 原文注释

〔1〕或：有人。

〔2〕奚（xī 西）：如何，为何。为：治理。

〔3〕《书》：《尚书》。

〔4〕施：推广，参与。有：助词，无意义。

子曰：“人而无信，不知其可也。大车无輗[1]，小车无軏[2]，其何以行之哉[3]？”

孔子说：“做一个人却不讲信誉，我不知道他怎样来立身处世。这就好像大车没有安横木的輗，小车没有安横木的軏一样，又怎么能使它们行走呢？”

◎ 原文注释

[1] 輗(ní 泥)：古代大车车辕前与横木相接的关键。

[2] 軏(yuē 月)：古代小车车辕前与横木相接的关键。驾车时将马或牛驾在辕里后，必须将车辕与横木相接处的輗或軏关上，否则就套不住牲口，车也无法行走。

[3] 何以：用什么，靠什么。

○ 品画鉴宝 轺车·东汉 车双辕前伸仰曲，连衡带軛有軥，舆轼中部插有伞盖。此轺车系墓中陪葬物。

子张问："十世可知也[1]？"子曰："殷因于夏礼[2]，所损益可知也[3]；周因于殷礼[4]，所损益可知也；其或继周者，虽百世可知也。"

子张问道："今后十个朝代的礼仪制度可以预知吗？"孔子说："殷朝继承夏朝的礼仪制度，所废除和增加的可以知道；周朝继承殷朝礼仪制度，所废除和增加的也是可以知道的；那么将来继承周朝的朝代，虽是一百代以后，也是可以知道的。"

◎ 原文注释

[1] 世：古代称三十年为一世。这里指朝代。

[2] 殷因于夏：殷朝继承夏朝的。殷，指殷朝，又称商朝。因，因袭。夏，指夏朝。

[3] 损：减少。益：增加。

[4] 周：周朝，主要指西周。

子曰："非其鬼而祭之[1]，谄也[2]。见义不为，无勇也。"

孔子说："不是自己应该祭祀的祖先而去祭祀他，这是谄媚。看到符合正义的事而不挺身而出，这是没有勇气。"

◎ 原文注释

[1] 鬼：古代人死称"鬼"，一般多指已死的祖先。这里泛指鬼神。

[2] 谄：谄媚。

第三篇　八佾

孔子谓季氏[1]："八佾舞于庭[2]，是可忍也[3]，孰不可忍也[4]？"

三家者以《雍》彻[5]。子曰："'相维辟公，天子穆穆[6]'，奚取于三家之堂[7]？"

孔子谈到季氏时说："他让六十四个人在庭院中奏乐舞蹈，这是天子才能享用的规格，这样的事都可以容忍，还有什么事不可以容忍的呢？"

鲁国大夫孟孙、叔孙、季孙，祭祖时采用天子的礼仪，唱着《雍》诗来撤去祭品。孔子说："《雍》诗上有这样的话，'助祭的是诸侯，天子严肃地在那里主祭'，这句诗怎么能用在他们三家的庙堂上唱呢？"

◎ 原文注释

[1] 谓：评论，谈论。季氏：鲁国正卿季孙氏，这里指季平子。

[2] 佾：舞蹈队列，每队八人。天子用八佾，诸侯用六佾，大夫用四佾，士用二佾。庭：庭院。

[3] 忍：容忍。

[4] 孰：疑问代词。谁，什么，怎么。

[5] 彻：同"撤"，撤除。这里指撤除祭品。

[6] 相：助祭的人。维：语助词，无实际意义。辟公：诸侯。穆穆：庄严肃穆的样子。

[7] 奚：为何。堂：祭祖的庙堂。

○ 品画鉴宝　文竹蝉纹方炉·清

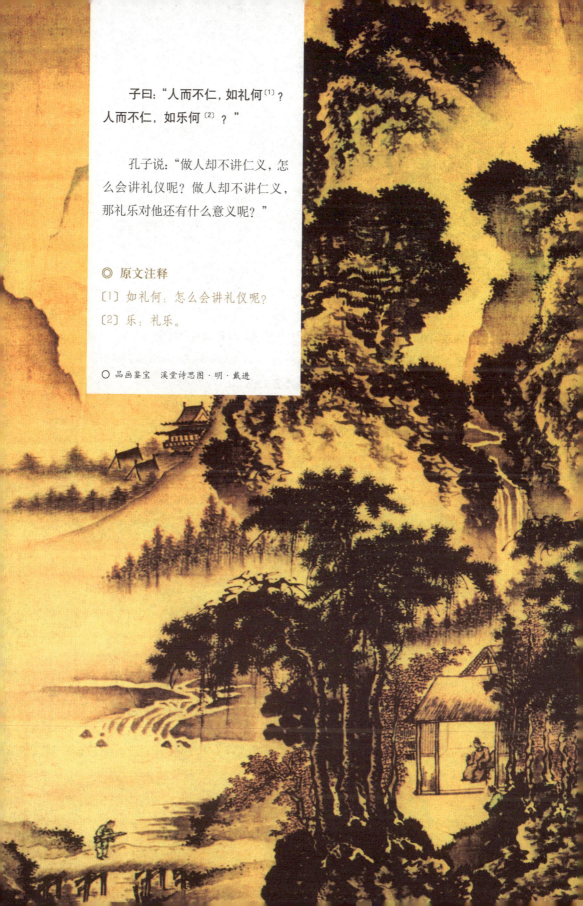

子曰："人而不仁，如礼何[1]？人而不仁，如乐何[2]？"

孔子说："做人却不讲仁义，怎么会讲礼仪呢？做人却不讲仁义，那礼乐对他还有什么意义呢？"

◎ 原文注释

[1] 如礼何：怎么会讲礼仪呢？

[2] 乐：礼乐。

○ 品画鉴宝　溪堂诗思图·明·戴进

○ 品画鉴宝 曾侯乙尊·战国

　　林放问礼之本[1]。子曰："大哉问[2]！礼，与其奢也[3]，宁俭。丧，与其易也[4]，宁戚[5]。"

　　子曰："夷狄之有君[6]，不如诸夏之亡也[7]。"

　　林放向孔子请教礼的本质。孔子说："这个问题意义重大啊！讲到礼仪，与其奢侈，宁可节俭。讲到丧葬，与其礼节周到，不如心里真正悲痛。"

　　孔子说："地处偏远文化落后的国家虽然有君主（却不知礼），还不如中国没有君主（而讲礼仪）呢。"

◎ 原文注释

〔1〕林放：姓林，名放，字子立，春秋时期鲁国人。

〔2〕大哉问：这个问题意义重大啊！

〔3〕奢：奢侈，奢华。

〔4〕易：治，把事情办得很周全。这里指把丧葬的礼仪办得尽善尽美。

〔5〕戚：忧伤，哀痛。

〔6〕夷狄：古代对东方和北方少数民族的蔑称，这里泛指当时边境地区的少数民族。

〔7〕诸夏：华夏族各诸侯国，这里指中原地区。亡：同"无"，指没有君主。

季氏旅于泰山[1]。子谓冉有曰[2]："女弗能救与[3]？"对曰："不能。"子曰："呜呼！曾谓泰山不如林放乎[4]？"

子曰："君子无所争。必也射乎[5]！揖让而升[6]，下而饮[7]，其争也君子。"

季氏要去祭祀泰山，孔子对冉有说："你不能劝阻这件事吗？"冉有回答说："不能。"孔子说："哎呀！难道说泰山之神还不如林放懂礼吗？"

孔子说："君子没有什么可争的事。如果有，那一定是在比箭的时候吧！但上堂之前也要相互作揖谦让，下堂之后作揖喝酒。这样的竞争才算是君子之争。"

○ 品画鉴宝　曾侯乙盘·战国

◎ **原文注释**

[1] 旅：祭祀。按当时只有天子和诸侯才有祭祀泰山的资格。季氏只是大夫，孔子认为此举违反礼制。

[2] 冉有：冉求，字子有，孔子的学生，当时在季氏门下供职。

[3] 女弗能救与：你不能劝阻这件事吗？女，同"汝"，即你。弗，不。救，劝阻。与，同"欤"，语气词。

[4] 曾谓泰山不如林放乎：意思是说，季氏如此越礼去祭祀泰山，泰山之神难道不如林放那样知礼，竟能接受季氏不合乎礼的祭祀吗？

[5] 射：射箭。这里指比赛射箭。

[6] 揖（yī 医）：拱手作揖，古代一种礼节。升：上堂。

[7] 下而饮：指比箭结束后按礼饮酒。古代射礼规定，比箭以中靶多少决定胜负，负者受罚饮酒。

子夏问曰："'巧笑倩兮[1]，美目盼兮[2]，素以为绚兮[3]。'何谓也？"子曰："绘事后素[4]。"曰："礼后乎？"子曰："起予者商也[5]！始可与言《诗》已矣。"

子夏请教道："'有酒涡的笑脸多可爱啊，美丽的眼睛黑白分明，洁白的底子再画上五彩的颜色呀'，这几句诗是什么意思呢？"孔子说："先有白色的底子然后再绘画。"子夏说："这是说礼乐产生在仁义之后吧？"孔子说："能启发我的人是子夏啊！现在我可以与你谈论《诗经》了。"

◎ 原文注释

[1] 巧笑：美好的笑貌。倩：笑容俏丽动人之状。

[2] 盼：流盼，眼睛灵活之状。

[3] 绚（xuàn 眩）：色彩斑斓。

[4] 绘：画画。素：白底。

[5] 起予者商也：能启发我的人是子夏啊！起，启发。予，我。商，卜商，即子夏。

○ 品画鉴宝 绿松石镶嵌兽面纹牌饰·夏

　　子曰："夏礼，吾能言之，杞不足征也 [1]；殷礼，吾能言之，宋不足征也 [2]。文献不足故也 [3]，足，则吾能征之矣。"

　　孔子说："夏代的礼制，我能够说出来，可惜夏的后代杞国不足以为证；殷代的礼制，我能够说出来，可惜商的后代宋国不足以为证。主要是历史文献和贤者不够的缘故，如果充足，便能证实我所说的了。"

◎ 原文注释

〔1〕杞（qǐ 起）：古代国名，故城在今河南杞县。相传是夏禹的后代的封国。征：证明。

〔2〕宋：古国名。子姓。周武王平定武庚反叛后，把商的旧都周围地区分封给商王纣的庶兄微子启。

〔3〕文献：记载历史的资料和熟悉掌故的人士。

子曰："禘自既灌而往者^{〔1〕}，吾不欲观之矣^{〔2〕}。"

或问禘之说。子曰："不知也^{〔3〕}。知其说者之于天下也，其如示诸斯乎^{〔4〕}！"指其掌。

孔子说："禘祭的礼仪自从第一次献酒以后，我就不想看它了。"

有人向孔子请教禘祭的道理，孔子说："我不知道呀。懂得这个道理的人要是治理天下，那就会像把东西放在这里一样容易吧！"说着他指着自己的手掌。

◎ 原文注释

〔1〕禘（dì 帝）者：古代一种极为隆重的祭礼，只有天子才有资格举行这种礼，大约是五年一次。灌：祭祀开始时第一次献酒，表示迎神。

〔2〕不欲观：不想看。

〔3〕不知也：不知道呀。

〔4〕示："置"的假借字，把东西摆出来给人看的意思。"示"又通"视"，意谓"了如指掌"。诸：于。斯：这里。

祭如在⁽¹⁾，祭神如神在，子曰："吾不与祭⁽²⁾，如不祭。"

王孙贾问曰⁽³⁾："'与其媚于奥⁽⁴⁾，宁媚于灶⁽⁵⁾'，何谓也？"子曰："不然。获罪于天，无所祷也。"

祭祀祖先就要像祖先在眼前一样，祭神也要像神真正在眼前一样。孔子说："我如果不亲自参加祭礼，也不会请别人代理的。"

王孙贾向孔子请教说："俗话说，与其巴结西南角的奥神，宁可巴结灶神，这两句话是什么意思呢？"孔子说："不对。如果得罪了上天，祈祷也没有用。"

◎ 原文注释

〔1〕祭：祭祀祖先。

〔2〕与（yù玉）：参与，参加。

〔3〕王孙贾：周灵王的孙子，名贾，卫国大夫。

〔4〕媚：谄媚，讨好。奥：屋内西南角曰奥。因其比较隐奥，古人认为是尊位，尊者居位于此，也是祭神的方向。

〔5〕灶：灶神，灶王爷。以上两句话是当时的俗语，有点类似现在的"县官不如现管"。

子曰：“周监于二代〔1〕，郁郁乎文哉〔2〕！吾从周。”

孔子说：“周朝借鉴了夏商两代的礼仪制度之后建立了自己的礼仪制度，真是丰富多彩呀！我赞成周朝的制度。”

◎ 原文注释

〔1〕监（jiàn 践）：通“鉴”，这里有根据、借鉴的意思。二代：指夏、商两代。

〔2〕郁郁：繁盛，丰富多彩。文：礼乐等典章制度。

子入太庙[1]，每事问。或曰："孰谓鄹人之子知礼乎[2]？入太庙，每事问。"子闻之曰："是礼也。"

子曰："射不主皮[3]，为力不同科[4]，古之道也。"

孔子到了周公庙，每件事情都发问。有人便说："谁说鄹大夫的儿子懂得礼呢？到了周公庙，每件事情都要问。"孔子听后说："这正是礼呀。"

孔子说："比射箭不一定要穿透靶子，因为各人的力气大小不同，这是自古以来的规矩。"

○ 品画鉴宝　哥窑葵花洗·宋

◎ 原文注释

〔1〕太庙：古代开国君主的庙。这里指鲁国最初受封的君主周公旦的庙。

〔2〕孰谓：谁说。鄹（zōu 邹）人：指孔子的父亲叔梁纥（hé 河）。鄹，一作"郰"，鲁国地名，在今山东曲阜县一带。

〔3〕射不主皮：指比赛射箭以中靶为主，而不以是否射穿箭靶为主。皮，革，这里代表箭靶子。

〔4〕为（wèi 未）：因为。科：等级。

○ 品画鉴宝　潭北草堂图·明·谢缙

子贡欲去告朔之饩羊^[1]。子曰："赐也！尔爱其羊^[2]，我爱其礼。"

　　子贡想撤销每月初一告祭祖庙用的那只活羊，孔子说："子贡呀！你爱惜那只羊，我却爱惜那种礼。"

◎ 原文注释

〔1〕去：去掉，除去。朔：农历每月初一。饩（xì 戏）羊：祭祀用的活羊。

〔2〕爱：爱惜、珍惜。

○品画鉴宝·兽面纹鼎·商。鼎是青铜礼器中最重要的一类器物，也是青铜器中流行时间最长的器物。

子曰："事君尽礼[1]，人以为谄也[2]。"

定公问[3]："君使臣[4]，臣事君[5]，如之何？"孔子对曰："君使臣以礼，臣事君以忠。"

孔子说："服事君主完全尽到做臣子的礼节，别人却认为这是谄媚呢。"

鲁定公问道："君主使用臣子，臣子事奉君主，各自应该怎样做呢？"孔子回答说："君主使用臣子要按照礼仪，臣子事奉君主应该忠心。"

◎ 原文注释

[1] 事：服事，服务于。

[2] 谄：谄媚，用卑贱的态度向人讨好，奉承。

[3] 定公：鲁国的君主，姓姬，名宋，谥号"定"。

[4] 使：使用。

[5] 事：同侍，侍奉。

子曰："《关雎》[1]，乐而不淫[2]，哀而不伤。"

哀公问社于宰我[3]。宰我对曰："夏后氏以松[4]，殷人以柏，周人以栗，曰使民战栗[5]。"子闻之曰："成事不说，遂事不谏[6]，既往不咎[7]。"

孔子说："《关雎》这首诗，快乐而不过分，忧郁而不哀伤。"

鲁哀公问宰我，做土地神的牌位用什么木料好。宰我回答说："夏代人用松木，殷代人用柏木，周代人用栗木，用栗木是说可以使老百姓战战栗栗。"孔子听了这话说："已经做的事不要再解释，已经完成的事不必再劝阻，已经过去的事不必再追究。"

◎ **原文注释**

〔1〕关雎：《诗经》第一篇的篇名。

〔2〕乐：快乐。淫：过分而不适当。

〔3〕社：社神，即土地神，此处指供奉用的社主（木制牌位）。宰我：姓宰，名予，字子我。春秋时鲁国人，孔子的学生。古人立社，皆用当时土地适宜生长的树木，而宰我妄加解说，启时君杀伐之心，故孔子责其妄对，不过事已至此，不可挽回，只好"既往不咎"。

〔4〕夏后氏：夏禹建立夏王朝，称夏后氏。

〔5〕战栗：发抖，害怕。

〔6〕遂（suì 岁）：已经完成。谏（jiàn 见）：劝勉，劝阻。

〔7〕咎（jiù 旧）：追究，责备。

子曰："管仲之器小哉[1]！"或曰："管仲俭乎？"曰："管氏有三归[2]，官事不摄[3]，焉得俭？""然则管仲知礼乎？"曰："邦君树塞门[4]，管氏亦树塞门。邦君为两君之好[5]，有反坫[6]，管氏亦有反坫。管氏而知礼，孰不知礼？"

孔子说："管仲的器量狭小得很哪！"有人便问道："管仲节俭吗？"孔子说："管仲收取大量市租，他手下的人员从不兼差，怎么能说得上节俭呢？"那人又问："那么管仲懂得礼仪吗？"孔子说："国君在宫殿门前设立屏风，管仲在门口也设立屏风。国君为了与外国国君友好交往，设置有放酒具的土墩，管仲也设有放酒具的土墩，如果说管氏也懂得礼仪，那还有谁不懂得礼仪？"

◎ 原文注释

[1] 管仲：姓管，名夷吾，春秋时齐国人。曾任齐桓公的宰相，在政治经济方面实行了一些改革，使齐国强大起来，成为春秋五霸之一。器：器量。

[2] 三归：市租。

[3] 官：指家臣。摄：兼职，同时承担数种职务。

[4] 树：树立。塞门：在门前设屏，间隔内外视线，同今天的照壁相类似。

[5] 好：友好。

[6] 反坫（diàn 店）：古代君主接待他国君主宴饮时，放置饮完酒后的空杯子的土台。反，放回。

○ 品画鉴宝　彩绘弹琴陶俑·东汉
俑头戴冠、腰系带、席地而坐，双腿之上平
放一长条形琴，俑双手作弹弦状。虽塑造简
括，但也可窥见其像貌俊俏，神态专注。

子语鲁大师乐[1]。曰："乐其可知也：始作，翕如也[2]；从之[3]，纯如也[4]，皦如也[5]，绎如也，以成。"

孔子与鲁国乐官谈论对音乐的感受。他说："音乐是可以知道的：开始演奏时，合奏轰鸣；接着音调和谐委婉，清晰流畅，余音袅袅不绝，直到演奏结束。"

◎ 原文注释

〔1〕语（yù 玉）：告诉。大：同"太"。大师是国家掌管音乐的长官。

〔2〕翕（xì 义）：和顺，协调。

〔3〕从（zōng 纵）：通"纵"。放纵，展开。

〔4〕纯：合谐。

〔5〕皦（jiǎo 绞）：明亮清晰、音节分明。

　　仪封人请见[1]。曰："君子之至于斯也，吾未尝不得见也[2]。"从者见之[3]。出，曰："二三子何患于丧乎[4]？天下之无道也久矣，天将以夫子为木铎[5]。"

　　仪的边防官请求孔子会见他。说道："有道德的君子来到这里，我没有不曾会见的。"跟随孔子的学生领他去会见孔子。他出来后对孔子的学生说："诸位何必担心得不到官职呢？天下黑暗无道已经很久了，上天会把他老人家作为人民的导师。"

◎ 原文注释

〔1〕仪封人：指在仪这个地方镇守边界的官员。仪，地名，卫国的一个邑。

〔2〕未尝：不曾，未曾。

〔3〕从者：随从孔子的弟子。

〔4〕丧：失去。这里指孔子失掉官位，没有官职。

〔5〕木铎（duó夺）：木舌铜铃，古代宣布政令时摇木铎召集众人来听。这里是以"木铎"作比喻，说明孔子将能起到为国家发布政令的作用。

子谓《韶》[1]："尽美矣[2]，又尽善也[3]。"谓《武》[4]："尽美矣，未尽善也。"

子曰："居上不宽[5]，为礼不敬[6]，临丧不哀，吾何以观之哉！"

　　孔子谈论《韶》乐时说："声调优美极了，内容也好极了。"谈论《武》乐时说："声调优美极了，但内容却不够好。"

　　孔子说："居于统治地位的人不宽宏大量，举行礼仪时不严肃恭敬，参加丧葬又不悲伤，这种样子我怎么看得下去呢！"

◎ 原文注释

〔1〕《韶》：相传为舜时的乐曲名。

〔2〕美：指乐舞的艺术形式，音调声容之盛美。

〔3〕善：指乐舞的思想内容，蕴藉内涵之美。

〔4〕《武》：相传是周武王时的乐曲名。孔子对《韶》乐和《武》乐的评价有同有异，这是因为舜有天下，是尧禅让的，周武王有天下，是征诛而来的，所以两种乐曲虽都"尽美"，然而内容不同，故一"尽善"，一"未尽善"。

〔5〕上：上位，高位。宽：待人宽厚，宽宏大量。

〔6〕敬：恭敬，郑重，慎重。

○ 品画鉴宝　溪山远眺图·明·樊晖

第四篇 里仁

子曰："里仁为美[1]。择不处仁[2]，焉得知[3]？"

子曰："不仁者不可以久处约[4]，不可以长处乐[5]。仁者安仁，知者利仁。[6]"

孔子说："居住在有仁厚风俗的地方才好。选择住处没有仁德，怎么算是聪明呢？"

孔子说："不仁德的人不能够长久地处于穷困中，也不能够长久地处在安乐中。有仁德的人安心实行仁，聪明的人知道仁德的好处而利用仁。"

◎ 原文注释

〔1〕里：居里，住所。此处作动词用，有"居住"的意思。

〔2〕处（chǔ 触）：居住。

〔3〕知：同"智"，明智。

〔4〕约：当"穷困"讲，或当"约束"讲，此处是"穷困"的意思。

〔5〕乐：安乐，富裕。

〔6〕利：利用。

○ 品画鉴宝 犀角雕西园雅集图杯·清 此杯用整只犀角雕成，敞口敛足，杯面以"西园雅集"为题材，所刻山石、树木、人物、走兽，形态各异，栩栩如生。此杯用料厚实，构图巧妙，刀法细腻，堪称佳作。

子曰："唯仁者能好人[1]，能恶人[2]。"
子曰："苟志于仁矣[3]，无恶也[4]。"

孔子说："只有仁德的人才能够喜爱某人，厌恶某人。"
孔子说："一个人如果立志实行仁德，就不会做邪恶的事了。"

◎ 原文注释

[1] 好 (hǎo 号)：喜爱。

[2] 恶 (wù 勿)：憎恶，讨厌。

[3] 苟志于仁矣：如果立志实行仁德。苟，如果。志，立志。

[4] 恶：恶行。

子曰："富与贵，是人之所欲也。不以其道得之，不处也[1]。贫与贱，是人之所恶也。不以其道得之[2]，不去也[3]。君子去仁，恶乎成名[4]？君子无终食之间违仁[5]，造次必于是[6]，颠沛必于是[7]。"

孔子说："发财与做官，这是人人都想要的。但不用正当的方法取得它，君子不会这样做。贫穷与卑贱，这是人人所厌弃的。但用不正当的方法摆脱它，君子不会这样做。君子如果抛弃仁德，怎么能够成就他的好名声呢？君子不会在吃一顿饭的时间离开仁德，在仓促匆忙的时候也与仁德同在，在颠沛流离的时候也是这样。"

◎ 原文注释

[1] 处：享受，接受。

[2] 得之：意为去除贫贱。

[3] 去：离开，除去，摆脱。

[4] 恶（wū乌）：疑问代词，怎样，如何。

[5] 违：离开。

[6] 造次：匆忙，仓促，紧迫。

[7] 颠沛：本义是跌倒，偃仆。引申为穷困，受挫折，流离失所。

子曰："我未见好仁者[1]、恶不仁者。好仁者，无以尚之[2]；恶不仁者，其为仁矣，不使不仁者加乎其身。有能一日用其力于仁矣乎？我未见力不足者。盖有之矣[3]，我未之见也[4]。"

孔子说："我没有见过爱好仁德的人，也没有见过憎恨不仁德的人。爱好仁德的人，那是再好不过了；憎恨不仁德的人，他在实行仁德的时候，只是不让不仁德的东西影响他自己。天下还有人能够在某一天使用他的力量去实行仁德吗？我没有见过力量不够的人。大概还是有这样的人吧，只是我没有见过。"

◎ 原文注释

〔1〕好（hǎo 号）：喜欢。

〔2〕尚：加，超过。

〔3〕盖：大概。发语词，表示肯定的语气。

〔4〕未之见：未见之。没看到过这种人或这种情况。

子曰："人之过也，各于其党[1]。观过，斯知仁矣[2]。"

子曰："朝闻道[3]，夕死可矣。"

孔子说："人是各种各样的，人们的错误，也是分成各种类型的。仔细观察他们的过错，就知道这个人是哪一种人了。"

孔子说："早晨得知真理，就是当晚死去也值得了。"

◎ 原文注释

[1] 党：类别。

[2] 斯：代词，那。仁：同"人"。

[3] 朝：早晨。

子曰："士志于道，而耻恶衣恶食者[1]，未足与议也[2]。"

子曰："君子之于天下也，无适也，无莫也[3]，义之与比[4]。"

孔子说："读书人如果立志追求真理，却又把穿破衣吃粗粮当作耻辱，这种人就不值得和他谈论了。"

孔子说："君子对于天下的事情，没有规定要这样做，也没有规定不要这样做，只须怎样做恰当就怎样做。"

◎ 原文注释

[1] 恶衣恶食：破敝的衣服，粗糙的粮食。

[2] 议：谈论。

[3] 无适也，无莫也：适，主，专主，固定不变。莫，不肯，没有。"无适无莫"，是无可无不可，没有一成不变的意思。

[4] 义之与比：与义靠近，向义靠拢。比，从，靠近，亲近。

○ 品画鉴宝 · 釜形盘口鼎 · 春秋
砂质灰陶，盘形敞口、折沿、沿上有对称双耳，颈内收、扁圆腹、圆底。三个下部外撇的圆柱体足，器表素面，磨制光滑，是具有江南地方特征的陶炊具。

子曰：“君子怀德〔1〕，小人怀土〔2〕；君子怀刑，小人怀惠〔3〕。”

孔子说：“君子注重道德，小人注重田宅；君子关心法度，小人贪图财利。”

◎ 原文注释

〔1〕怀：注重，关心。

〔2〕土：田宅。

〔3〕怀惠：指贪图财利。

○ 品画鉴宝 秋山行旅图·清·颜峰

子曰："放于利而行[1]，多怨。"

孔子说："按照个人利益做事，必会招来很多怨恨。"

◎ 原文注释

[1] 放（fǎng 仿）：依照，根据。引申为一味追求。利：利益。此指
个人利益。

○ 品画鉴宝 陶壶·春秋

子曰:"能以礼让为国乎[1],何有[2]?不能以礼让为国,如礼何[3]?"

孔子说:"能够用礼貌和谦让的精神来治理国家,这有什么困难呢?如果不能够用礼貌和谦让精神治理国家,又怎么来实行礼呢?"

◎ 原文注释

[1] 礼让:按照周礼,注重礼仪与谦让。为:治理。

[2] 何有:有什么困难。

[3] 如礼何:如何实行礼呢?

子曰："不患无位[1]，患所以立[2]。不患莫己知，求为可知也。"

孔子说："不担心没有官职，只担心没有任职的才能。不担心没有人了解自己，只求有足以让人了解的本事。"

◎ 原文注释

[1] 位：爵位，官位。

[2] 所以立：指无愧于地位（爵位）的能力。

○ 品画鉴宝　汉代青玉谷纹双螭璧

子曰："参乎[1]！吾道一以贯之[2]。"曾子曰："唯[3]。"子出。门人问曰："何谓也？"曾子曰："夫子之道，忠恕而已矣[4]。"

　　孔子说："曾参呀！我的学说是以一个原则贯穿的。"曾子说："是的。"孔子出去后，其他学生问曾子道："这是什么意思呢？"曾子说："先生的学说，就是忠和恕罢了。"

◎ 原文注释

〔1〕参：曾子名。

〔2〕道：此处指孔子的学说，即孔子悟到的大道。贯：通，贯穿。

〔3〕唯：是。

〔4〕忠：忠诚，真挚诚恳。恕：不计较别人的过错，对别人宽容。

子曰："君子喻于义[1]，小人喻于利[2]。"
子曰："见贤思齐焉[3]，见不贤而内自省也[4]。"

孔子说："君子所懂得的是义，小人懂得的是利。"
孔子说："看见贤人就想如何向他看齐，看见不贤的人就自我反省(有没有同他类似的毛病)。

◎ 原文注释

[1] 喻：知道，明白，懂得。义：公正合宜的道理或举动。
[2] 利：私利，财利。
[3] 见贤思齐：看见贤人就想向他看齐。贤，贤者，贤人。思，思考。齐，相等，相同。
[4] 自省：自我反省，检查自己的思想行为。

○ 品画鉴宝　匜盘·春秋

子曰："事父母几谏[1]。见志不从[2]，又敬不违，劳而不怨[3]。"

子曰："父母在，不远游，游必有方。"

孔子说："侍奉父母，(如果他们有错)要委婉劝阻。看到自己的想法没有被听从，还是要恭敬不违拗，心里虽然忧愁，却不怨恨。"

孔子说："父母在世时，不离家远行，如果非要出远门，一定要有明确的去向。"

◎ 原文注释

[1] 几 (jī 基)：轻微，委婉。谏：这里指向父母提意见。

[2] 志：心意。从：听从。

[3] 劳：忧虑，操劳。

子曰："三年无改于父之道，可谓孝矣。"

子曰："父母之年〔1〕，不可不知也〔2〕。一则以喜，一则以惧〔3〕。"

孔子说："很长时间都不改变父亲的原则，就可以说是孝顺了。"

孔子说："父母亲的年岁，不能够不记住。一方面为他们的高寿而高兴，另一方面又为他们的年高而担忧。"

◎ 原文注释

〔1〕年：年岁，年纪。

〔2〕知：记住。

〔3〕惧：父母年纪大了就必然日渐衰老，接近死亡，故而忧惧担心。

子曰："古者言之不出[1]，耻躬之不逮也[2]。"

子曰："以约失之者鲜矣。"

孔子说："古人讲话从不轻易出口，就是怕自己做不到而引为耻辱。"

孔子说："严于律己而犯过失的人是很少的。"

◎ 原文注释

〔1〕古者：古代的人，往往指贤人。

〔2〕耻躬之不逮 (dài 代) 也：自己做不到而引以为耻。耻，以为可耻。逮，及，赶上。不逮，赶不上，此处是做不到的意思。

○ 品画鉴宝　掐丝珐琅花果纹出戟觚·明

子曰："君子欲讷于言而敏于行[1]。"

子曰："德不孤，必有邻。"

子游曰："事君数[2]，斯辱矣[3]；朋友数，斯疏矣。"

孔子说："君子说话应该谨慎而行动应该敏捷。"

孔子说："有道德的人不会孤单，一定会有志同道合者为伴。"

子游说："侍奉君主过于频繁琐碎，这就会招来羞辱；与朋友交往过于频繁琐碎，反而会被疏远。"

◎ 原文注释

〔1〕讷 (nè 呐)：口钝。此处指言语谨慎。敏：敏捷。

〔2〕数 (shuò 朔)：屡次，多次，频繁。

〔3〕斯：副词，就，将。

第五篇 公冶长

子谓公冶长[1]："可妻也[2]。虽在缧绁之中[3]，非其罪也。"以其子妻之[4]。

子谓南容[5]："邦有道，不废[6]；邦无道，免于刑戮[7]。"以其兄之子妻之。

孔子谈到公冶长时说道："可以把女儿嫁给他。他虽然曾经被关在监狱里，但这不是他的过错。"于是把自己的女儿嫁给了他。

孔子说南容这个人："国家政治清明时，(他做官)不被废弃；国家政治昏暗时，他也不致于遭受刑罚。"于是把自己的侄女嫁给了他。

◎ 原文注释

[1] 公冶长：姓公冶，名长，字子芝。鲁国人，孔子的弟子。

[2] 妻（qì气）："嫁"的意思，动词。

[3] 缧（léi雷）绁（xiè谢）：捆绑囚犯的绳子，此处指监狱。

[4] 子：儿女，这里指自己的女儿。

[5] 南容：姓南宫，名括，又作适，字子容。春秋时鲁国人，孔子的学生。

[6] 废：放置，意为不被任用。不废，意为被任用。

[7] 刑戮：戮，杀。刑戮，泛指受刑罚，受惩治。

○ 品画鉴宝 双龙谷纹玉璧·西汉

子谓子贱[1]："君子哉若人[2]！鲁无君子者，斯焉取斯[3]？"

子贡问曰："赐也何如？"子曰："女，器也。"曰："何器也？"曰："瑚琏也[4]。"

孔子评论子贱时说："这个人真是君子啊！鲁国假如没有君子的话，他从哪里学到这些好品德呢？"

子贡问道："我是一个怎样的人？"孔子说："你好比是一个器皿。"子贡问："是什么器皿呢？"孔子说："是宗庙里盛黍稷的瑚琏。"

◎ 原文注释

〔1〕子贱：姓宓，名不齐，字子贱，鲁国人。孔子的弟子。

〔2〕若：这，这个。

〔3〕斯焉取斯：他从哪里取得这些好品德呢。第一个"斯"，是代指子贱这个人。第二个"斯"，是代指子贱的品德。焉：哪里，怎样。

〔4〕瑚琏：古代宗庙祭祀时盛黍稷的器皿，上面装饰有玉，十分贵重华美。在这里孔子用"瑚琏"比喻子贡，虽是有用之材，但还未达到最高标准的"君子不器"。

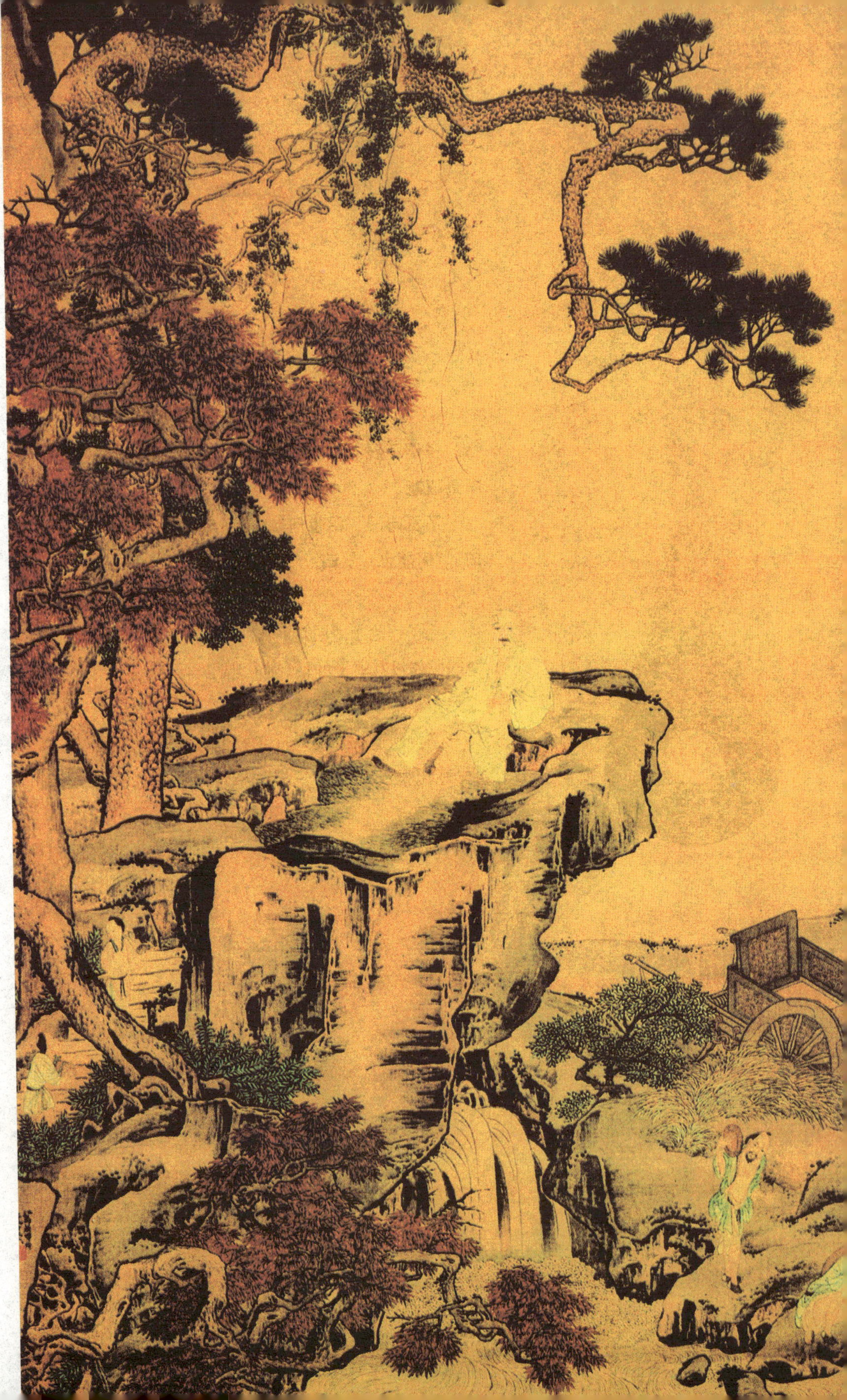

秋林舒啸图·清·颜峄

○ 品画鉴宝　紫檀木雕树干形笔筒·清　笔筒以紫檀木雕成，圆口，器体硕大，入手沉重。通体纹饰雕作老柏古干，纹理蜿蜒屈曲，瘿结累累。凹凸的纹饰、抽象的线条、沉稳的器型，构成了它卓尔不群的艺术特点。

　　或曰："雍也仁而不佞[1]。"子曰："焉用佞？御人以口给[2]，屡憎于人。不知其仁[3]，焉用佞？"

　　有人说："冉雍有仁德而无口才。"孔子说："何必一定要有口才？强嘴利舌地同别人辩驳，常常惹人讨厌。不知道他是不是有仁德，那么有口才又有什么用呢？"

◎ 原文注释

〔1〕雍：姓冉，名雍，字仲弓。鲁国人，孔子的弟子。佞（nìng泞）：有口才。

〔2〕御人以口给（jǐ挤）：强嘴利舌地与别人辩驳。御，挡住，此处指辩驳对方，与人顶嘴。给，丰足。口给，指嘴巧，嘴快话多。

〔3〕不知其仁：是一种委婉表示否定的方式，不是真的不知道。

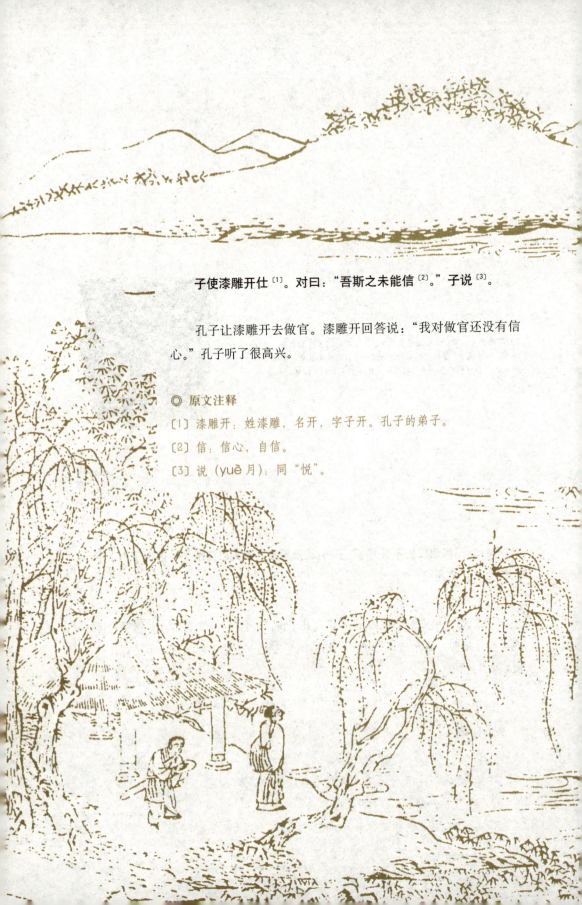

子使漆雕开仕[1]。对曰："吾斯之未能信[2]。"子说[3]。

孔子让漆雕开去做官。漆雕开回答说："我对做官还没有信心。"孔子听了很高兴。

◎ 原文注释

[1] 漆雕开：姓漆雕，名开，字子开。孔子的弟子。

[2] 信：信心，自信。

[3] 说（yuē 月）：同"悦"。

子曰："道不行，乘桴浮于海[1]。从我者[2]，其由与！"子路闻之喜。子曰："由也好勇过我，无所取材[3]。"

孔子说："如果我的主张行不通了，我就乘木排到海上去。能跟随我的人，恐怕只有仲由吧！"子路听了这话很高兴。孔子说："仲由呀，你的勇敢精神大大超过了我，这可是不可取的呀！"

◎ 原文注释

[1] 桴（fú 浮）：用竹或木编成当船用的水上交通工具，大的叫"筏"，小一点的叫"桴"。

[2] 从：跟随。

[3] 材：同"哉"。

○ 品画鉴宝　勾连云纹灯·战国　此云纹灯以和田玉制成，全灯由灯盘、灯柱和灯座三部分组成，是用三块玉分别雕琢后粘合为一体的。至今玉制灯仅此一件，堪称绝品，自然珍贵异常。

孟武伯问："子路仁乎？"子曰："不知也。"又问。子曰："由也，千乘之国，可使治其赋也[1]。不知其仁也。""求也何如？"子曰："求也，千室之邑[2]，百乘之家[3]，可使为之宰也[4]。不知其仁也。""赤也何如[5]？"子曰："赤也，束带立于朝[6]，可使与宾客言也。不知其仁也。"

孟武伯问道："子路有仁德吗？"孔子说："我不知道。"他又问。孔子说："仲由，在有一千辆兵车的国家里，可以让他负责军政工作。至于他有没有仁德，我不知道。"孟武伯又问："冉求怎么样？"孔子说："冉求，一千户人家的城邑，可以让他当县长；一百辆兵车的封地，可以让他当总管。至于他有没有仁德，我不知道。"他又问："公西赤怎么样？"孔子说："公西赤，可以让他束着冠带站在朝廷上，接待外宾、办理交涉事宜。至于他有没有仁德，我不知道。"

◎ 原文注释

[1] 赋：兵赋，古代以田赋地税出兵，故称兵为赋。治其赋，含有负责管理军事政治的意思。

[2] 千室之邑：指有一千户人家的大邑。邑，古代居民聚居的地方，包括周围的土地。

[3] 家：古代国家封给卿大夫的采邑。

[4] 宰：古代的宰，一指一邑之长；一指大夫的家臣。

[5] 赤：姓公西，名赤，字子华，鲁国人，孔子的弟子。

[6] 束带：整理衣服，扎好衣带。这里指穿上礼服去上朝。

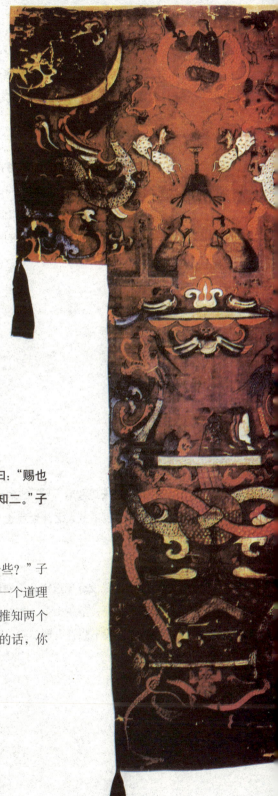

○ 品画鉴宝　轪侯妻墓帛画·西汉

子谓子贡曰:"女与回也孰愈[1]?"对曰:"赐也
何敢望回[2]?回也闻一以知十,赐也闻一以知二。"子
曰:"弗如也,吾与女弗如也[3]。"

孔子对子贡说:"你与颜回相比,谁强一些?"子
贡回答说:"我怎么敢与颜回相比。颜回听说一个道理
可以推知十个道理,我听说一个道理只能够推知两个
道理。"孔子说:"的确不如他呀,我赞同你的话,你
的确赶不上他。"

◎ 原文注释

[1] 愈:胜,优异,优胜。

[2] 望:比。

[3] 与:赞许、赞同。

宰予昼寝。子曰："朽木不可雕也，粪土之墙不可杇也[1]。于予与何诛[2]？"子曰："始吾于人也，听其言而信其行；今吾于人也，听其言而观其行。于予与改是[3]。"

宰予白天睡大觉。孔子说："腐朽的木头不可能再雕刻，粪土似的墙壁不可能再粉刷啊。我对宰予这样的人，还有什么好责备的呢？"孔子又说："起初我对于别人的看法，总是听了他的话就相信他的行动；现在我对于别人的看法，不光听他的话还要观察他的行动。宰予这件事使我改变了这个观念。"

◎ 原文注释

〔1〕杇（wū巫）：同"圬"，粉刷墙用的工具，这里是涂沫、粉刷的意思。

〔2〕诛：遣责，责备。

〔3〕是：代词。此，这。在这里指观察人的方法。

子曰："吾未见刚者[1]。"或对曰："申枨[2]。"子曰："枨也欲，焉得刚？"

子贡曰："我不欲人之加诸我也[3]，吾亦欲无加诸人。"子曰："赐也，非尔所及也[4]。"

孔子说："我没有见过刚毅不屈的人。"有人答道："申枨是这样的人。"孔子说："申枨这人呀，欲望太多，怎么称得上刚毅不屈？"

子贡说："我不想别人欺负我，我也不想欺负别人。"孔子说："子贡呀，这不是你所能做到的。"

◎ 原文注释

〔1〕刚者：坚强不屈的人。刚，坚强，刚强。

〔2〕申枨：姓申，名枨，字周，鲁国人。孔子的弟子。

〔3〕加：强加。

〔4〕尔：你。

子贡曰："夫子之文章[1]，可得而闻也；夫子之言性与天道[2]，不可得而闻也。"

子路有闻，未之能行，唯恐有闻[3]。

子贡说："先生关于文献方面的知识和评论，我们是可以听到学会的；但先生关于人性与天道的言论，我们却不容易听到。"

子路听到一些道理，还没有能够实行，他担心又会听到一些新道理。

◎ 原文注释

[1] 文章：指孔子经常论述的有关古代的诗、书、史、礼乐法度等文献的学问。

[2] 性：指人的本性。天道：天命。这里指自然万物和人类社会的吉凶祸福的关系。

[3] 唯恐有闻：只恐怕再有所闻。有，同"又"。

子贡问曰："孔文子何以谓之'文'也[1]？"子曰："敏而好学[2]，不耻下问[3]，是以谓之'文'也。"

子贡请教道："孔文子为什么谥号称'文'呢？"孔子说："他聪明而又爱好学习，向不如自己的人请教不以为耻，所以他的谥号为'文'。"

○ 品画鉴宝　山水扇面·清·吴彬

◎ 原文注释

〔1〕孔文子：卫国的执政上卿。姓孔，名圉，字仲叔。

〔2〕敏：聪明。

〔3〕不耻：不以……为耻。

子张问曰："令尹子文三仕为令尹[1]，无喜色；三已之，无愠色。旧令尹之政，必以告新令尹。何如？"子曰："忠矣。"曰："仁矣乎？"曰："未知[2]，焉得仁？"

"崔子弑齐君[3]，陈文子有马十乘[4]，弃而违之[5]，至于他邦，则曰：'犹吾大夫崔子也。'违之。之一邦[6]，则又曰：'犹吾大夫崔子也。'违之，何如？"子曰："清矣。"曰："仁矣乎？"曰："未知，焉得仁？"

子张请教道："楚国的宰相子文三次担任宰相，每次就任时并不喜形于色；三次被罢免，也没有怨恨的脸色。(每次免职)原任宰相时的政事，他一定都要告诉新接任的人。这个人怎么样？"孔子回答说："可算尽忠国家了。"子张又问："算得上仁吗？"孔子说："我不知道，这怎么算得上仁德呢？"

子张又问："崔杼杀死齐庄公，陈须无虽然家里有十辆马车，但宁可舍弃也要逃离齐国，他来到另一个国家，就说：'这里的执政者也像我国的大夫崔杼一样。'又马上离开。再到另一个国家去，他又说：'这里的执政者还是像我国的大夫崔杼一样。'于是又逃离这里。这个人怎样？"孔子说："清白得很。"子张问："算不算仁呢？"孔子说："我不知道，这怎么算得上仁德呢？"

◎ 原文注释

〔1〕令尹：楚国的官职名，相当于宰相。子文：姓斗名榖於菟，字子文，是楚国著名的贤相。三仕：三，多次，仕，做官。

〔2〕未知：委婉表示否定的一种形式，不是真的不知。

〔3〕崔子：姓崔，名杼，齐国的大夫。弑(shì 式)：古代统治阶级称子杀父，臣杀君为弑。齐君：齐庄公。

〔4〕陈文子：齐国的大夫，名须无。乘：四匹马拉的车为一乘。

〔5〕违：离去。

〔6〕之一帮：到一个国家。

季文子三思而后行[1]。子闻之，曰："再[2]，斯可矣。"

子曰："宁武子[3] 邦有道则知，邦无道则愚[4]。其知可及也，其愚不可及也。"

季文子每次办事都是考虑再三然后才行动。孔子听到后，便说："只要思考两次也就可以了。"

孔子说："宁武子这个人，在国家太平时，他就会非常聪明；在国家混乱时，就会装得很傻。他的聪明别人是可以学得到的，他那种装出来的愚笨，别人就不能够学得到了。"

◎ **原文注释**

[1] 三思：反复考虑。

[2] 再：再次，第二次。这里当副词用，后边省去了动词"思"字。

[3] 宁武子：姓宁，名俞，武是谥号。春秋时期卫国的大夫。

[4] 愚：这里是假装愚笨，即装傻。

子在陈[1]，曰："归与！归与！吾党之小子狂简[2]，斐然成章[3]，不知所以裁之[4]。"

子曰："伯夷、叔齐不念旧恶[5]，怨是用希[6]。"

子曰："孰谓微生高直[7]？或乞醯焉[8]，乞诸其邻而与之[9]。"

孔子在陈国，叹道："回去吧！回去吧！我家乡的那些学生们志向远大而做事粗略，道德文章又都斐然可观，但我不知道如何去指导他们。"

孔子说："伯夷、叔齐不记恨旧仇宿怨，于是别人对他们的怨恨也就很少了。"

孔子说："谁说微生高这个人直爽？有人向他讨点醋，他却到邻居家讨来再给别人。"

◎ 原文注释

〔1〕陈：周代诸侯国，故都在今淮阳县。

〔2〕狂简：志向高远而做事粗略。

〔3〕斐然：有文采的样子。章：文章。

〔4〕不知所以裁之：这一句前面省去了主语"吾"。裁，割裁使正的意思。

〔5〕伯夷、叔齐：殷朝末年孤竹君的两个儿子，父亲死后，两人互让帝位，都逃到周文王那里。周武王起兵讨伐商纣，他们曾经反对。周有天下后，他们拒食周粟，终于饿死在首阳山上。

〔6〕是用：因此。希：同"稀"。少。

〔7〕微生高：姓微生，名高。鲁国人，以直爽、守信著称。

〔8〕醯（xī西）：醋。

〔9〕乞诸邻而与之：这句是说微生高不肯直说自己没有醋。

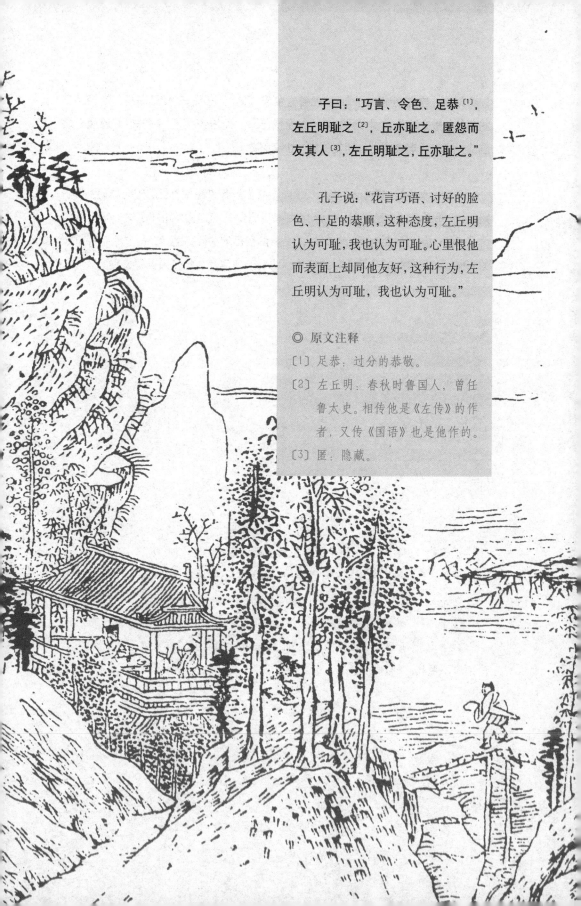

子曰："巧言、令色、足恭[1]，左丘明耻之[2]，丘亦耻之。匿怨而友其人[3]，左丘明耻之，丘亦耻之。"

孔子说："花言巧语、讨好的脸色、十足的恭顺，这种态度，左丘明认为可耻，我也认为可耻。心里恨他而表面上却同他友好，这种行为，左丘明认为可耻，我也认为可耻。"

◎ 原文注释

[1] 足恭：过分的恭敬。

[2] 左丘明：春秋时鲁国人，曾任鲁太史。相传他是《左传》的作者，又传《国语》也是他作的。

[3] 匿：隐藏。

颜渊、季路侍[1]。子曰："盍各言尔志[2]？"子路曰："愿车马、衣轻裘与朋友共，敝之而无憾。"颜渊曰："愿无伐善[3]，无施劳[4]。"子路曰："愿闻子之志。"子曰："老者安之，朋友信之，少者怀之。"

颜渊、季路侍立在孔子身边。孔子说："你们各自谈谈自己的志向如何？"子路说："我愿意把自己的车马、衣服用来与朋友共享，就是用坏了也丝毫没有怨言。"颜渊说："我愿意不自夸好处，不表白自己的功劳。"子路说："希望听听您的志向。"孔子说："让老人得到安乐，朋友得到信任，年轻人得到关心。"

◎ 原文注释

〔1〕侍：侍立。

〔2〕盍（hé 河）："何不"的合音。

〔3〕伐：自夸，夸耀。

〔4〕施：表白。

子曰："已矣乎[1]！吾未见能见其过而内自讼者也[2]。"
子曰："十室之邑[3]，必有忠信如丘者焉，不如丘之好学也。"

孔子说："算了吧！我还没有见过发现自己的错误，然后作自我批评的人。"
孔子说："就是十户人家的小地方，也一定会有像我这样又忠心又诚实的人，只不过不像我这样好学罢了。"

◎ 原文注释

〔1〕已：罢了，算了。下面的"矣""乎"，都是表示绝望的感叹助词。

〔2〕内自讼：嘴里不说而内心自咎。

〔3〕十室：十户人家。古时，九夫为井，四井为邑，一邑共有三十二户人家。"十室之邑"极言其小，是指尚且不满三十二家的小村邑。

子曰："雍也可使南面[1]。"

仲弓问子桑伯子[2]，子曰："可也，简[3]。"仲弓曰："居敬而行简[4]，以临其民[5]，不亦可乎？居简而行简，无乃大简乎[6]？"子曰："雍之言然。"

孔子说："冉雍这个人，可以让他做一国之君。"

仲弓问(孔子)子桑伯子这个人怎么样，孔子说："还可以，他办事简洁。"仲弓说："内心严肃认真而办事简洁明了，用这种态度对待自己的人民，不也可以的吗？内心简单而办事又简单，那不是过于简单了吗？"孔子说："你的话对。"

◎ 原文注释

[1] 南面：南面而坐，古代以坐北朝南的主向最尊贵，这里代指国君、人君。使南面，这里指仲弓拥有作为人君的气度，可以让他做一国之君。

[2] 仲弓：即冉雍。子桑伯子：人名，春秋时期鲁国大夫。

[3] 简：简约，不烦琐。

[4] 居敬：居心恭敬，这里指做事时内心严肃认真。

[5] 临：面对，这里是对付、治理的意思。

[6] 无乃：相当于"岂不是"，只在反问句用。大：同"太"。

○ 品画鉴宝 龙首双援戈·商

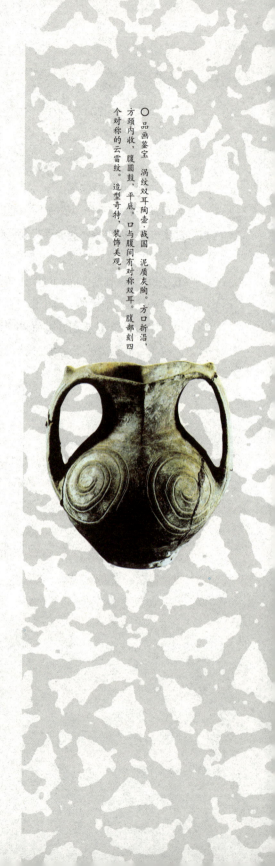

○品画鉴宝 涡纹双耳陶壶·战国 泥质灰陶。方口折沿，方颈内收腹圆鼓，平底。口与腹间有对称双耳。腹部刻四个对称的云雷纹。造型奇特，装饰美观。

哀公问："弟子孰为好学？"孔子对曰："有颜回者好学，不迁怒[1]，不贰过[2]。不幸短命死矣！今也则亡[3]，未闻好学者也。"

鲁哀公问(孔子)道："您的学生中哪个好学？"孔子回答说："有个叫颜回的学生爱学习，他不迁怒于人，不重犯同样的错误。但他不幸短命死了。现在就没有这样的人了，也没有听说有好学的人了。"

◎ 原文注释

[1] 迁怒：指自己不如意时，对别人发火生气，或受了甲的气，却转移目标，拿乙出气。

[2] 贰：重复。

[3] 亡：同"无"。

子华使于齐[1]，冉子为其母请粟[2]。子曰："与之釜[3]。"请益。曰："与之庾[4]。"冉子与之粟五秉[5]。子曰："赤之适齐也，乘肥马[6]，衣轻裘[7]。吾闻之也：君子周急不继富[8]。"

子华出使到齐国，冉有替他母亲(向孔子)请求发给小米，孔子说："给她六斗四升。"冉有请求增加些，孔子说："再给她二斗四升。"冉有却给了她八十石。孔子说："子华到齐国，乘坐着肥马驾的车，穿着轻柔温暖的皮袍。我听说过这样的话：君子只周济急难的穷人而不接济富人。"

◎ 原文注释

[1] 子华：即公西赤。使：出使。

[2] 冉子：冉有。粟：小米。

[3] 釜：古代的容量单位。六斗四升为一釜。

[4] 庾：古代容量名。一庾合当时二斗四升。

[5] 秉：古代容量名，一秉合十六斛。五秉合八
  十斛，即八十石。

[6] 乘：马驾车叫"乘"。

[7] 衣（yì 义）：穿。

[8] 继：接济，增益。

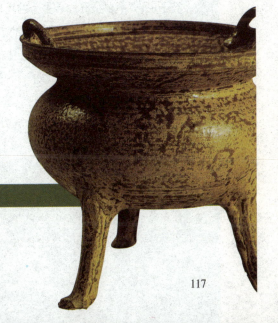

原思为之宰[1]，与之粟九百，辞。子曰："毋[2]！以与尔邻里乡党乎[3]！"

子谓仲弓曰："犁牛之子骍且角[4]，虽欲勿用，山川其舍诸[5]？"

原思担任孔子家里的总管，孔子给他小米九百作报酬，(他认为太多)，推辞不要。孔子说："不要推辞！有多余的可以分给你乡里的穷人！"

孔子谈到仲弓时，说："耕牛生的牛崽却长着红色的毛和端正的角，(因为出身卑贱)虽然不想用它祭祀，但山川之神难道肯舍弃它吗？"

◎ 原文注释

[1] 原思：姓原，名宪，字子思，春秋时期鲁国人，孔子的学生。宰：总管。

[2] 毋：同无，不要。

[3] 邻里乡党：古代以五家为邻，二十五家为党。

[4] 犁牛：杂色的牛，此处隐喻冉雍"贱且不善"的父亲。骍：赤色，指毛皮赤红色的牛。角：指牛角长得端正的意思。

[5] 山川：山川之神，这里隐喻国君。

子曰："回也，其心三月不违仁[1]，其余则日月至焉而已矣[2]。"

季康子问："仲由可使从政也与[3]？"子曰："由也果[4]，于从政乎何有？"曰："赐也可使从政也与？"曰："赐也达[5]，于从政乎何有？"曰："求也可使从政也与？"曰："求也艺[6]，于从政乎何有？"

孔子说："颜回呀，他的心能长时间地不违背仁德，其他学生却只能短时间做到仁德罢了。"

季康子向孔子请教："可以让仲由治理政事么？"孔子说："仲由办事果断，对于参政有什么不可以的？"又问："可以让子贡治理政事么？"孔子说："子贡办事通达，对于参政有什么不可以的？"又问："可以让冉求治理政事么？"孔子说："冉求多才多艺，对于参政有什么不可以的？"

◎ **原文注释**

[1] 三月：是个约数，指较长的时间。

[2] 日月：短暂，指短时间。

[3] 从政：指做大夫，管理政事。

[4] 果：果断、决断。

[5] 达：通达事理。

[6] 艺：多才多艺。

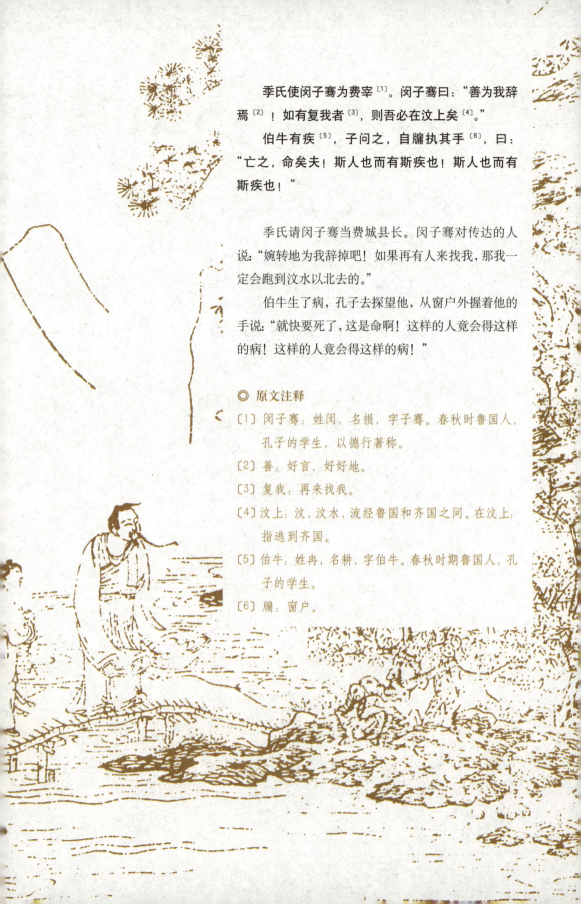

季氏使闵子骞为费宰^{〔1〕}。闵子骞曰："善为我辞焉^{〔2〕}！如有复我者^{〔3〕}，则吾必在汶上矣^{〔4〕}。"

伯牛有疾^{〔5〕}，子问之，自牖执其手^{〔6〕}，曰："亡之，命矣夫！斯人也而有斯疾也！斯人也而有斯疾也！"

季氏请闵子骞当费城县长。闵子骞对传达的人说："婉转地为我辞掉吧！如果再有人来找我，那我一定会跑到汶水以北去的。"

伯牛生了病，孔子去探望他，从窗户外握着他的手说："就快要死了，这是命啊！这样的人竟会得这样的病！这样的人竟会得这样的病！"

◎ 原文注释

〔1〕闵子骞：姓闵，名损，字子骞。春秋时鲁国人，孔子的学生，以德行著称。

〔2〕善：好言，好好地。

〔3〕复我：再来找我。

〔4〕汶上：汶，汶水，流经鲁国和齐国之间。在汶上，指逃到齐国。

〔5〕伯牛：姓冉，名耕，字伯牛。春秋时期鲁国人，孔子的学生。

〔6〕牖：窗户。

○ 品画鉴宝 原始瓷鼎·春秋 器表施黄绿色
薄釉，造型精巧美观。

　　子曰："贤哉，回也！一箪食[1]，一瓢饮[2]，在陋巷，人不堪其忧[3]，回也
不改其乐[4]。贤哉，回也！"

　　孔子说："多么贤德啊，颜回！一竹篮饭，一瓜瓢水，住在简陋的小巷里，别
人都忍受不了这种贫苦的忧愁，颜回却不改变，依然自得其乐。贤德啊，颜回！"

◎ 原文注释

〔1〕箪（dān 单）：古时盛饭用的圆形竹器。

〔2〕瓢：将葫芦剖开做成的盛水器具。

〔3〕忧：忧愁。此处是指一般人以过这种清贫生活为忧。

〔4〕乐：快乐。颜回乐道好学，故而虽处贫困，依然自得其乐，而非指贫困生活
　　本身值得欣慰、快乐。

○ 品画鉴宝 醉僧图·清·黄鼎 图中松柏参天，虬曲茂郁。浓荫下，上身裸露的男子醉卧于兽皮之上，旁置两个酒坛，一函古书，将风流倜傥的归隐文人刻画得栩栩如生。

冉求曰："非不说子之道[1]，力不足也。"子曰："力不足者，中道而废[2]。今女画[3]。"

子谓子夏曰："女为君子儒[4]，无为小人儒。"

冉求说："不是我不喜欢先生的学说，实在是因为我的能力不够呀。"孔子说："能力不够的人，是走到中途才停下来，现在你是还没有走，就停止不前了。"

孔子对子夏说："你要做个君子一般的读书人，不要做那小人般的读书人。"

◎ 原文注释

〔1〕说：同悦。

〔2〕中道：半途，半道。

〔3〕画：截止，停止。

〔4〕儒：儒者，读书人，学者。

子游为武城宰[1]。子曰："女得人焉耳乎？"曰："有澹台灭明者[2]，行不由径[3]。非公事，未尝至于偃之室也[4]。"

子游做了武城县县长。孔子问他："你在那里发现什么人才了吗？"子游答道："有个叫澹台灭明的人，从来不走捷径，如果不是公事，也从不到我的房里来。"

◎ 原文注释

〔1〕武城：鲁国的城邑，即今山东省嘉祥县。

〔2〕澹台灭明：姓澹台，名灭明，字子羽，武城人，为人公正。

〔3〕径：小路。引申为正路之外的邪路。

〔4〕偃：即子游。姓言名偃，字子游。这里是子游自称。

○ 品画鉴宝　双兽纹瓦当·秦　此瓦当面饰比肩兽,兽一左一右,两身相对,共有一颈,均竖耳张口,卷尾利爪,酷似两只回首对立的狼犬,凶猛之态尽显。虽构图单纯简洁,却极为传神。

子曰:"孟之反不伐[1],奔而殿[2],将入门,策其马[3],曰:'非敢后也,马不进也'。"

子曰:"不有祝鮀之佞[4],而有宋朝之美[5],难乎免于今之世矣。"

孔子说:"孟之反不夸耀自己,鲁军败退时他走在最后做掩护,将要进入城门时,他故意鞭打自己的马,说道:'不是我敢于断后拒敌,而是马跑得不快呀'。"

孔子说:"如果没有祝鮀的口才,而仅有宋国公子朝那样的美貌,是很难在当今社会避免祸害的啊!"

◎ **原文注释**

〔1〕孟之反:姓孟,名侧,字之反,鲁国大夫。伐:夸功。

〔2〕奔而殿:奔,败走。殿,军队败退时留在后面掩护。

〔3〕策:鞭打。

〔4〕祝鮀:姓祝,名鮀,字子鱼,卫国大夫。佞:有口才,能言善辩。

〔5〕宋朝:宋国的公子朝,以貌美闻名于当时。

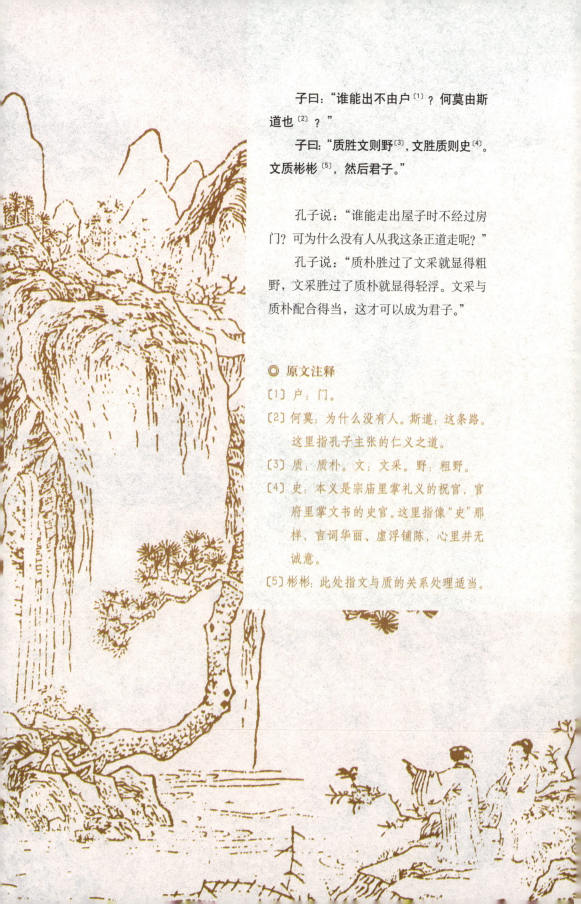

子曰："谁能出不由户[1]？何莫由斯道也[2]？"

子曰："质胜文则野[3]，文胜质则史[4]。文质彬彬[5]，然后君子。"

孔子说："谁能走出屋子时不经过房门？可为什么没有人从我这条正道走呢？"

孔子说："质朴胜过了文采就显得粗野，文采胜过了质朴就显得轻浮。文采与质朴配合得当，这才可以成为君子。"

◎ 原文注释

[1] 户：门。

[2] 何莫：为什么没有人。斯道：这条路。这里指孔子主张的仁义之道。

[3] 质：质朴。文：文采。野：粗野。

[4] 史：本义是宗庙里掌礼义的祝官，官府里掌文书的史官。这里指像"史"那样，言词华丽、虚浮铺陈，心里并无诚意。

[5] 彬彬：此处指文与质的关系处理适当。

子曰："人之生也直[1]，罔之生也幸而免[2]。"

子曰："知之者不如好之者[3]，好之者不如乐之者[4]。"

孔子说："人的生存应该是靠正直，不正直的人也能生存，那只是靠侥幸而避免了灾祸。"

孔子说："（对于学问）懂得它的人不如爱好它的人，爱好它的人又不如以它为乐的人。"

◎ 原文注释

[1] 直：正直，无私曲。

[2] 罔（wǎng 往）：诬罔，虚妄。指不正直的人。

[3] 好（hào 号）：喜好。

[4] 乐之者：指为从事这种学问而感到快乐的人。

○ 品画鉴宝 砺剑图·明·黄济 图绘八仙之一铁拐李，腰挂葫芦，衣衫褴褛，赤足立于水中，双手挽宝剑，在石上磨砺。整幅作品用笔秀润，设色古雅，老松苍劲，岩石朴茂，人物生动传神，体现了画家过人的艺术功力。

子曰："中人以上，可以语上也[1]；中人以下，不可以语上也。"

樊迟问知[2]。子曰："务民之义[3]，敬鬼神而远之[4]，可谓知矣。"问仁。曰："仁者先难而后获[5]，可谓仁矣。"

孔子说："中等才智以上的人，才可以和他谈论高深的道理；中等才智以下的人，不可以和他谈论高深的道理。"

樊迟请教什么是聪明。孔子说："致力于使人民走向道义的事，尊敬鬼神但远离他们，这就可以认为是聪明了。"又问什么是仁德。孔子说："有仁德的人，先付出艰苦的努力然后才有收获，这可以称得上仁德了。"

◎ 原文注释

[1] 语：告，讲，说。

[2] 知：同"智"，智慧。

[3] 务民之义：致力于使人民走道义的事。务，从事于，致力于。民，人民。义，道义的事。

[4] 远（yuàn 怨）：动词，离开的意思。

[5] 先难：指先要付出一定的艰苦劳动而后才有所收获。

○ 品画鉴宝　彩绘陶豆·战国

子曰："知者乐水[1]，仁者乐山[2]。知者动，仁者静。知者乐，仁者寿。"

子曰："齐一变[3]，至于鲁[4]；鲁一变，至于道。"

孔子说："聪明的人喜爱水，仁德的人喜爱山。聪明的人好动，仁德的人好静。聪明的人快乐，仁德的人长寿。"

孔子说："齐国一经变革，就达到鲁国的样子；鲁国一经变革，就达到仁政之道了。"

◎ 原文注释

[1] 知者乐水：水流动而不板滞，随岸赋形，与智者相似。《朱子集注》：知者于事理而周流无滞，有似于水，故乐水。

[2] 仁者乐山：山形巍然，屹立而不动摇，与仁者相似。《朱子集注》：仁者安于义理而厚重不迁，有似于山，故乐山。

[3] 变：变革。指进行政治改革，推行教化。

[4] 至：达到

子曰："觚不觚[1]，觚哉！觚哉！"

宰我问曰："仁者，虽告之曰，'井有仁焉'[2]，其从之也？"子曰："何为其然也？君子可逝也，不可陷也[3]；可欺也，不可罔也[4]。"

孔子说："酒杯如果不像酒杯，怎么能称它为酒杯呢！怎么能称它为酒杯呢！"

宰我请教说："一个仁德的人，如果告诉他说，'井里掉下去一位仁德的人'，他会跟着跳下去吗？"孔子说："为什么要这样做呢？君子可以杀身成仁，但不可以盲目被别人陷害；君子可以被别人欺骗，但不可以被愚弄。"

◎ 原文注释

[1] 觚（gū孤）：古代酒器。觚本来有四条棱角，但到孔子时已成圆形，因此他感慨地说，觚不像个觚。由觚而推及于人、国、天下，则当时礼崩乐坏之景象可见了然于心，而孔子之痛心疾首亦可见一斑。

[2] 有仁：有仁德的人。

[3] 逝：往，去。这里指杀身成仁。陷：陷害。

[4] 欺：欺诳。罔：蒙蔽，陷害。《朱子集注》：欺，谓诳之以理之所有。罔，谓昧之以理之所无。

子曰："君子博学于文，约之以礼，亦可以弗畔矣夫[1]！"

子见南子[2]，子路不说[3]。夫子矢之曰[4]："予所否者[5]，天厌之！天厌之！"

孔子说："君子广泛地学习文献，并用礼仪来约束自己，也就可以不背离正道了。"

孔子去会见南子，子路不高兴。孔子发誓说："我如果做了错事，天也会厌弃我！天也会厌弃我！"

◎ 原文注释

[1] 畔：同"叛"。

[2] 南子：宋国的美女，卫灵公的夫人，行为淫乱，名声不好。

[3] 不说（yuè 月）：不高兴。说，同悦。

[4] 矢：誓。

[5] 予所否（pǐ 匹）：我如果做了不合于义（的事）。予，我。所，假若，如果，用在誓词之中表示假设。否，指不合于义，不由正道。

子曰："中庸之为德也[1]，其至矣乎！民鲜久矣[2]。"

子贡曰："如有博施于民而能济众，何如？可谓仁乎？"子曰："何事于仁，必也圣乎！尧舜其犹病诸[3]！夫仁者[4]，己欲立而立人，己欲达而达人。能近取譬[5]，可谓仁之方也已[6]。"

孔子说："中庸作为一种美德，真是太好了！但人民缺少它已经很久了。"

子贡说："如果有个人能广泛地把恩惠给予人民并能够帮助大家过上好日子，这人怎么样？可以算得上仁德的人吗？"孔子说："岂止是仁德的人！一定是圣人！尧、舜大概还难以做到呢！所谓仁德的人，应该是自己有所作为，也能使别人有所作为，自己事事通达也帮助别人通达。凡事能推己及人，可以说是实行仁道的方法了啊。"

◎ 原文注释

[1] 中庸："中"就是无过无不及，即不偏不倚的意思，"庸"是平常、不变的意思。

[2] 鲜：缺少。

[3] 病诸：病，心有所不足。诸，于此。这句话是说，像尧舜那样的圣人，对"博施于民而能济众"这种境界，其心犹有所不足。

[4] 夫（fú 扶）：发语词。

[5] 能近取譬：以己身为例。有"推己及人"之义。

[6] 方：方法，道路，途径。

第七篇　述而

子曰："述而不作[1]，信而好古[2]，窃比于我老彭[3]。"

子曰："默而识之[4]，学而不厌，诲人不倦[5]，何有于我哉[6]？"

孔子说："我仅传述古籍而不进行创作，笃信并且爱好古代文化，我私下把自己和老彭相比。"

孔子说："默默地记住知识，努力学习而不厌烦，教诲别人而不觉得厌倦，这些对我来说还有什么困难呢？"

◎ 原文注释

[1] 述：阐述。作：创作，创造。

[2] 信：信从。好：喜爱。古：指古代留下的典籍、制度。

[3] 老彭：人名。具体指谁，说法不一。有的说是指老子和彭祖，有的说是指殷商时代的彭祖。

[4] 识（zhì 志）：记，记住。

[5] 诲：教导，引导。

[6] 何有：有什么的意思。表示自谦之词。

子曰："德之不修，学之不讲，闻义不能徙[1]，不善不能改，是吾忧也。"

孔子说："品德不去修养，学问不去探讨，听到正义的事不能追随，有错误不能改正，这都是我所忧虑的。"

◎ 原文注释

[1] 徙（xǐ喜）：迁移，此处指向"义"靠拢，使自己的所作所为符合"义"。

○ 品画鉴宝　孔子退修诗书图·明

子之燕居^[1]，申申如也^[2]，夭夭如也^[3]。

孔子在家闲居时，仪态舒展自然，神色也愉快。

◎ 原文注释

[1] 燕居：闲居。这里指孔子闲暇无事住在家里的时候。

[2] 申申：仪态宽舒。

[3] 夭夭：神色和悦。

○ 品画鉴宝 仿王蒙山水图·清·袁江

子曰："甚矣，吾衰也[1]！久矣，吾不复梦见周公[2]！"

子曰："志于道，据于德，依于仁，游于艺[3]。"

孔子叹道："我已衰老至极了！我已经很长时间不再梦见周公了！"

孔子说："志向在于道，根据在于德，依靠在于仁，活动在于礼、乐、射、御、书、数六艺之中。"

◎ 原文注释

[1] 衰：衰老。

[2] 周公：姓姬，名旦，周文王的儿子，周武王的弟弟，周成王的叔叔，鲁国的始祖。他辅助周成王而有德政，是孔子尊崇的古代圣人之一。

[3] 艺：六艺，即礼、乐、射、御、书、数六门知识。

子曰："自行束脩以上 [1]，吾未尝无诲焉 [2]。"

子曰："不愤不启 [3]，不悱不发 [4]。举一隅不以三隅反 [5]，则不复也 [6]。"

子食于有丧者之侧 [7]，未尝饱也 [8]。子于是日哭，则不歌。

孔子说："凡是自愿送上一些见面薄礼的，我从来没有不对他们进行教诲的。"

孔子说："不到他苦苦思索而依然弄不懂时，我不去启发他。不到他想讲而讲不明白时，我不去开导他。例举一个道理而不能类推出三个道理，我就不再重复教诲他了。"

孔子在有丧事的人旁边吃饭，就从来没有吃饱过。孔子如果在这天哭泣过，就不再唱歌。

◎ 原文注释

[1] 束脩 (xiū 修)：古代用作初次拜见的礼物。束，十脡 (tǐng 挺) 为一束。一脡就是一条。脩，脯，干肉。

[2] 诲：教诲。

[3] 愤：心里苦苦思索而还没有想通的意思。启：开导。

[4] 悱 (fěi 匪)：想要说出而又不能说出的样子。发：启发。

[5] 隅：角。反：反转过来证明。

[6] 复 (fù 父)：再告。

[7] 有丧者：有丧事的人。指刚刚死去亲属的人家。

[8] 哭：吊哭。

子谓颜渊曰："用之则行，舍之则藏，惟我与尔有是夫！"子路曰："子行三军，则谁与[1]？"子曰："暴虎冯河[2]，死而无悔者，吾不与也。必也临事而惧，好谋而成者也。"

孔子对颜渊说："国君任用我就施展才智，不用我就退隐藏身，只有我和你才能这样做吧！"子路说："如果让您指挥军队，那么你愿同谁共事？"孔子说："空手打虎、徒步过河，为这样做死了都不后悔的人，我不同他共事。我一定要和遇事谨慎，善于思考而能成事的人一起。"

◎ 原文注释

〔1〕行三军：统率军队。谁与：同谁在一起。与，动词。

〔2〕暴虎冯河：用来比喻那种有勇无谋，冒险行事，而往往导致失败的人。暴虎，空手和虎搏斗。冯，同"凭"。冯河，不用船光着脚过河。

子曰："富而可求也〔1〕，虽执鞭之士〔2〕，吾亦为之。如不可求，从吾所好。"

子之所慎：齐〔3〕，战〔4〕，疾〔5〕。

子在齐闻《韶》〔6〕，三月不知肉味〔7〕，曰："不图为乐之至于斯也！"

孔子说："财富如果能求得，就是执鞭守门的下等差使，我也愿意做。如果不能求得，那还是做我喜欢的事吧。"

孔子慎重对待的事情有：斋戒，战争，疾病。

孔子在齐国听了《韶》的乐曲，三个月都没有尝出肉的滋味。他感叹道："真没想到音乐竟能达到如此美妙的境界！"

◎ 原文注释

〔1〕而：连词。如果。

〔2〕执鞭之士：指手里拿着皮鞭的下等差役；贱者之事。

〔3〕齐：同"斋"。指古代在祭祀之前虔诚地斋戒。

〔4〕战：战争。战争关系国家民族的安危存亡和人民群众的死与伤。

〔5〕疾：疾病。疾病关系个人的健康与生死。

〔6〕《韶》：传说是虞舜时创作的乐曲。

〔7〕三月：比喻很长时间，不是实指三个月。

冉有曰："夫子为卫君乎[1]？"子贡曰："诺[2]，吾将问之。"入，曰："伯夷、叔齐何人也？"曰："古之贤人也。"曰："怨乎[2]？"曰："求仁而得仁，又何怨？"出，曰："夫子不为也。"

冉有说："老师会帮助卫国的国君吗？"子贡说："是啊，我正要去问他。"他进去问道："伯夷、叔齐是怎样的人？"孔子说："是古代的圣贤人。"子贡问："他们互相推让王位，结果都跑到国外，心里会悔恨吗？"孔子说："他们寻求仁德而得到仁德，又会有什么悔恨呢？"子贡出来对冉有说："看来，他不会去帮助卫君的。"

◎ 原文注释

[1] 为（wèi卫）：帮助。

[2] 诺：应答声。

[3] 怨：怨悔。伯夷、叔齐互相让位而逃，其后武王伐纣，伯夷、叔齐扣马而谏。武王灭商之后，伯夷、叔齐耻食周粟，隐于首阳山头，最后饿死。子贡问二人是否心怀怨悔，夫子答以"求仁得仁"，则夫子之志向也明了了。

子曰："饭疏食饮水[1]，曲肱而枕之[2]，乐亦在其中矣。不义而富且贵，于我如浮云。"

子曰："加我数年[3]，五十以学《易》[4]，可以无大过矣。"

孔子说："吃粗粮，喝凉水，弯着胳膊作枕头，也自有乐趣在其中。而用不正当的方法得到财富和尊贵，这对我来说，就像天边飘过的浮云一样。"

孔子说："增加我几年寿命，到我五十岁的时候去学习《易经》，这样可以没有大的过错了。"

◎ 原文注释

[1] 疏食：指粗粮，粗糙的饭食。

[2] 肱（gōng 公）：由肩至肘的部位，这里指胳膊。枕（zhěn 振）：动词，枕着。

[3] 加：增添，增加。

[4]《易》：即《周易》，或称《易经》，后世尊为群经之首。其中《卦辞》《爻辞》是指孔子以前的人所作，《十翼》相传为孔子所作。

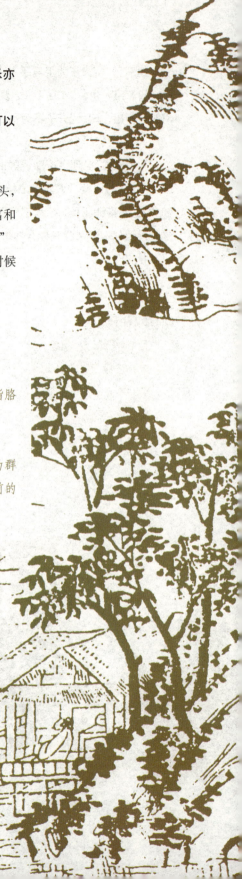

子所雅言[1]，《诗》、《书》、执礼，皆雅言也。

叶公问孔子于子路[2]，子路不对[3]。子曰："女奚不曰[4]，其为人也，发愤忘食，乐以忘忧，不知老之将至云尔。"

孔子使用雅言，读诗、读书、行礼时，都用雅言。

叶公向子路了解孔子的为人，子路没有回答。孔子听说后对子路说："你为什么不回答说：他这个人呀，用功起来忘记了吃饭，快乐起来忘记了忧愁，根本不知道衰老就要到来，如此而已。"

◎ 品画鉴宝 兽面龙纹大鼎·西周

◎ 原文注释

〔1〕雅言：当时通行的语言，与方言相对而言。

〔2〕叶公：姓沈，名诸梁，字子高，楚国大夫。

〔3〕不对：不回答。

〔4〕女：同"汝"，你。奚：何，为什么。

○ 品画鉴宝　天香书屋图·清·袁江

子曰：「我非生而知之者，好古，敏以求之者也。」

子不语怪，力，乱，神。

孔子说：「我不是生来就有知识的人，而是爱好古代文化，通过敏捷勤奋去求得知识的人。」

孔子不谈论的事情有：怪诞，暴力，叛乱和鬼神。

○ 品画鉴宝　五峰砚·汉

子曰：「三人行，必有我师焉〔1〕。择其善者而从之，其不善者而改之。」

子曰：「天生德于予，桓魋其如予何〔2〕？」

孔子说：「三个人同行，这中间一定有可做我老师的人。选择他们的优点去学习，看出他们的缺点自己就改正。」

孔子说：「上天既然赋予了我这样的品德，桓魋又能把我怎么样呢？」

○ 原文注释

〔1〕三人行，必有我师焉：孔子是主张学无常师的。这句话是说，三个人一同走路，一个是自己，其他的两个人中，必定有值得学习当我老师的。

〔2〕桓魋：宋国主管军事行政的长官。在孔子周游列国，经过宋国时，他曾扬言要杀孔子。

145

○ 品画鉴宝　云兽纹璜·战国

　　子曰："二三子以我为隐乎[1]？吾无隐乎尔。吾无行而不与二三子者，是丘也。"

　　子以四教：文[2]，行[3]，忠[4]，信[5]。

　　孔子说："你们这些学生认为我会有所隐瞒吗？我是没有什么隐瞒你们的。我没有什么会不告诉你们这些做学生的，这就是我孔丘的为人呀。"

　　孔子用四方面的内容教育学生：文化知识，行为修养，忠诚笃厚，坚守信约。

◎ 原文注释

〔1〕二三子：这里是孔子客气地称呼弟子们。"二三"，表示约数。"子"，是尊称。

〔2〕文：文化知识，历史文献。

〔3〕行：行为规范，社会实践。

〔4〕忠：忠诚老实。

〔5〕信：讲信用，言行一致。

　　子曰:"圣人,吾不得而见之矣;得见君子者,斯可矣。"子曰:"善人[1],吾不得而见之矣;得见有恒者[2],斯可矣[3]。亡而为有[4],虚而为盈[5],约而为泰[6],难乎有恒矣。"

　　孔子说:"圣人,我不能看到他们了;只要能够见到君子,这就可以了。"孔子又说:"善人,我不能看到他们了;只要能够见到有操守的人,这就可以了。没有却假装有,空虚却故作充实,贫穷却装成豪华,这种人是很难长久地保持好的操守的。"

◎ 原文注释

[1] 善人:指立志行仁,不做不仁之事的人。

[2] 恒:恒心。这里指坚持一定的操守,不因客观环境的影响而改变的人。

[3] 斯:就,乃,则。

[4] 亡:同"无"。

[5] 盈:丰满,充实。

[6] 泰:宽裕,奢侈。

子钓而不纲[1]，弋不射宿[2]。

子曰："盖有不知而作之者[3]，我无是也。多闻，择其善者而从之，多见而识之[4]，知之次也[5]。"

孔子只用鱼竿钓鱼而不用网捕鱼，用带生丝的箭射鸟但不射已归巢的鸟。

孔子说："大概有那种自己不懂却能凭空造作的人，我没有这样的毛病。多听，选择其中正确的接受它，多看并记住它，我这种求知方式是仅次于天生就知道的。"

○ 品画鉴宝　紫檀百宝嵌花卉草虫图笔筒·清
笔筒长方形，下承四方矮足，四壁分别嵌枸杞、秋虫、蜻蜓图；蓼草、浆果、青蛙图；蒲公英、蝈蝈、彩蝶图；葡萄、秋菊、蝈蝈图；四幅图纹均寓意"长寿延年"。此器以松石、玛瑙、珊瑚、蜜柑、椰壳等为原料，采用镶嵌工艺制成，花卉、果实、昆虫刻嵌细致逼真，清雅而富有情趣。

◎ 原文注释

[1] 纲：这里作动词用。在一根大绳上系很多鱼钩，把它横在河流上钓鱼，叫"纲"。

[2] 弋（yì义）：用带生丝绳子的箭射鸟。

[3] 作：创作，造作。

[4] 识（zhì志）：记。

[5] 次：差一等。这是与"生而知之者"相对而言。

互乡难与言 [1]，童子见，门人惑。子曰："与其进也 [2]，不与其退也，唯何甚？人洁己以进，与其洁也，不保其往也 [3]。"

子曰："仁远乎哉？我欲仁，斯仁至矣。"

互乡这地方的人很难同他们讲明道理，一个童子被孔子接见，弟子们很疑惑。孔子说："我赞同他的进步，不赞成他的退步，又何必做得太过分？人家把自己整理干净而来，就应当赞许他的整洁，不要死死记住他的过去。"

孔子说："仁德离我们很远吗？只要我想到仁，仁就来了。"

◎ 原文注释

〔1〕互乡：地名。究竟是何处，已不可确考。〔2〕与（yù 玉）：称誉。〔3〕保：守。引申为追究，纠缠。

○ 品画鉴宝　犀足筒形器·战国　器身圆形直筒，平底，下有三只奇兽承托。器外表饰变形蟠虺纹并衬以细雷纹底，中腰有一道宽带纹，宽带纹上方两侧各有一兽面衔环辅首。此器用途不详，内外无烧薰痕，未盛食物也无油迹。

　　陈司败问[1]："昭公知礼乎[2]？"孔子曰："知礼。"孔子退，揖巫马期而进之[3]，曰："吾闻君子不党[4]，君子亦党乎？君取于吴[5]，为同姓，谓之吴孟子。君而知礼，孰不知礼？"巫马期以告。子曰："丘也幸，苟有过，人必知之。"

　　陈国的司败问道："鲁昭公懂得礼吗？"孔子说："懂得礼。"孔子出去后，陈国的司败向巫马期作了个揖，请他走近自己，然后说："我听说君子不偏袒人，难道君子也偏袒人吗？鲁君从吴国娶了一位夫人，因为是同姓女子，别人讳称她为吴孟子。如果说鲁君懂得礼，还有谁不懂礼？"巫马期把这些话告诉了孔子。孔子说："我算是很幸运的，如果有过失，人家就一定会指出来。"

◎ 原文注释

[1] 陈司败：陈国主管司法的官员。

[2] 昭公：鲁国国君。

[3] 揖：拱手行礼，作揖。巫马期：孔子的弟子，姓巫马，名施，字子期。

[4] 党：偏袒，包庇。

[5] 取：同娶。

子与人歌而善，必使反之^{〔1〕}，而后和之^{〔2〕}。

子曰："文，莫吾犹人也^{〔3〕}。躬行君子，则吾未之有得。"

孔子和别人在一起唱歌，如果觉得别人唱得好，一定要他重新唱一遍，然后又跟着他唱。

孔子说："书本知识我大概和别人差不多。作为亲身去实践的君子，那我就还没有取得什么成就。"

◎ 原文注释

〔1〕反：反复，这里是重唱一次的意思。〔2〕和（hè 贺）：跟着唱。〔3〕莫：大约，大概，或者，也许。

子曰："若圣与仁,则吾岂敢?抑为之不厌[1],诲人不倦,则可谓云尔已矣[2]。"
公西华曰："正唯弟子不能学也。"

孔子说："如果说是圣人或仁者,那我怎么敢当!不过说我不厌倦地学习,不懈怠地教人,那还可以这样说吧。"公西华说："这正是我们难以学到的。"

◎ 原文注释
[1] 抑:转折语气词,是"只不过是"的意思。
[2] 云尔:这样说。

子疾病[1]，子路请祷[2]。子曰："有诸？"子路对曰："有之。《诔》曰[3]：'祷尔于上下神祇[4]。'"子曰："丘之祷久矣[5]。"

孔子病重，子路请求代老师祷告。孔子说："有这样的事吗？"子路回答说："有的。《诔》文上说：'为你向天神地祇祷告'。"孔子说："(如果是这样)那我很早就祷告过了。"

○ 品画鉴宝　陶龙提梁壶·春秋

○ **原文注释**

[1] 疾病：重病。

[2] 祷：向鬼神祝告，请求福佑。

[3] 诔（lěi 磊）：此处指向鬼神求福的祷文。

[4] 神祇（qí 奇）：神，天神。祇，地神。

[5] 丘之祷久矣：这是一种婉言谢绝的方式，意思是说，我早就祈祷过了，不必再祈祷了。"祷"是为了改过迁善，而孔子未尝有过，无善可迁，无愧于天地神明，因而无祷之必要。

子曰："奢则不孙[1]，俭则固[2]。与其不孙也，宁固。"

子曰："君子坦荡荡[3]，小人长戚戚[4]。"

子温而厉[5]，威而不猛，恭而安[6]。

孔子说："奢侈就会显得傲慢，俭朴就会显得寒伧。与其傲慢，宁可寒伧。"

孔子说："君子心胸宽广坦荡，小人经常忧愁不安。"

孔子态度温和而严肃，威严而不凶猛，表情敬穆而安详。

◎ 原文注释

〔1〕孙：同"逊"，这里是恭顺的意思。

〔2〕固：鄙陋，小气，寒酸。

〔3〕坦荡荡：心胸宽广。

〔4〕长戚戚：经常忧愁。

〔5〕厉：严肃。

〔6〕安：安泰。

○ 品画鉴宝 镂空蟠蛇纹鼎·春秋 此鼎外层镂空铸造群蛇形象是传统的铸造工艺难以达到的，为目前国内所见用失蜡法铸造铜器最早的范例。

子曰："泰伯^[1]，其可谓至德也已矣^[2]！三以天下让^[3]，民无得而称焉。"

子曰："恭而无礼则劳^[4]，慎而无礼则葸^[5]，勇而无礼则乱，直而无礼则绞^[6]。君子笃于亲，则民兴于仁；故旧不遗，则民不偷^[7]。"

孔子说："泰伯可以说是具备最高品德的人了。他几次把君位让出，人民几乎找不出恰当的词来称赞他。"

孔子说："样子恭敬却不懂礼就会劳累，小心谨慎而不懂礼就会显得畏怯，勇敢大胆而不懂礼就会盲动闯祸，心直口快而不懂礼就会变得尖刻刺人。在上位的人能用真挚的感情对待亲人，那么人民就会兴起仁德之风，不遗弃自己的老朋友，那人民之间就不会冷漠无情。"

◎ 原文注释

〔1〕泰伯：亦作"太伯"，周朝祖先古公亶(dǎn 胆) 父的长子。

〔2〕至德：最高的道德。

〔3〕三：多次。

〔4〕无礼：指没有礼来节制。

〔5〕葸 (xǐ 洗)：畏俱、胆怯的样子。

〔6〕绞：尖刻。

〔7〕偷：淡薄，不厚道。

聲目先生小
說流稗官敲
鈸唱街頭村
翁里婦扶攜
聽儻為歡欣
儻為愁

御製題畫一首　臣于敏中奉
勑敬書

○ 品画鉴宝　瞎子说唱图·清·金廷标

○ 品画鉴宝 错银双翼神兽·战国 此神兽为青铜铸造，错以银纹，似狮非狮，似龙非龙，精致入微的刻画，使神兽富丽而神秘。此器可能属压席之镇器或壮威之陈设品。

曾子有疾[1]，召门弟子曰："启予足[2]，启予手！《诗》云：'战战兢兢，如临深渊，如履薄冰。'而今而后，吾知免夫[3]！小子[4]！"

曾子得了病，召集弟子到床前说："看看我的脚，看看我的手！《诗经》上说：'小心谨慎呀，就像面临着深渊，就像脚踩着薄冰'。从今以后，我知道可以免于祸害刑戮了！弟子们！"

◎ 原文注释

[1] 有疾：有病。

[2] 启：开。这里指揭开被子看一看。

[3] 免：指身体免于毁伤。意思是说，自己活着的时候，身体没有毁伤，现在将要死了，身体就再不会毁伤了。古人遵奉孝道，身体发肤，受之父母，不敢毁伤。

[4] 小子：称弟子们。这里说完一番话之后再呼弟子们，表示反复叮咛。

曾子有疾，孟敬子问之[1]。曾子言曰："鸟之将死，其鸣也哀；人之将死，其言也善。君子所贵乎道者三：动容貌[2]，斯远暴慢矣[3]；正颜色，斯近信矣[4]；出辞气[5]，斯远鄙倍矣[6]。笾豆之事[7]，则有司存。"

曾子得了病，孟敬子来探望他。曾子对他说道："鸟将要死的时候，它的鸣叫声是悲哀的；人将要死的时候，他的话也是善良的。君子应当重视的道德有三个方面：严肃自己的容貌，就能避免别人的粗暴和怠慢，端正自己的脸色，就容易使人信任你；讲话时言辞温和，就不会显得粗野和违背常理了。至于祭祀礼仪方面的事，那自会有主管人员负责。"

◎ 品画鉴宝　犀角雕兽面纹圆鼎，清。鼎仿古青铜造型，圆口，方唇，立耳，三圆柱足。此器纹饰简洁，突出了犀角的色彩和肌理，恰到好处地烘托了鼎体的圆润秀雅。

◎ 原文注释

〔1〕孟敬子：姓仲孙，名捷，武伯之子，鲁国大夫。问之：问候他。

〔2〕动容貌：使自己容貌从容、恭敬、合于礼。

〔3〕暴慢：粗暴无礼，怠慢放肆。

〔4〕信：诚实。

〔5〕辞：言语。

〔6〕倍：同"背"。

〔7〕笾（biān 边）豆之事：指祭祀或礼仪方面的事务。笾，竹制器皿。豆，木制器皿。笾和豆都是古代祭祀时盛祭品的用具。

曾子曰："以能问于不能，以多问于寡；有若无，实若虚；犯而不校[1]。昔者吾友尝从事于斯矣[2]。"

曾子曰："可以托六尺之孤[3]，可以寄百里之命[4]，临大节而不可夺也。君子人与[5]？君子人也！"

曾子说："自己有才能却请教没有才能的人，自己知识丰富还请教知识少的人；有知识就像没有知识，满腹经纶却像懂得很少；别人冒犯自己也不计较。我有一个朋友曾经做到这样了。"

曾子说："可以把辅助幼主的重任托付给他，可以把国家的命运交付给他，面对生死存亡关头他也不会屈服。这样的人能算得君子吗？真可算是君子了！"

◎ 原文注释

[1] 校（jiào 较）：计较。

[2] 吾友：我的朋友。曾参在这里指的是同门颜回。

[3] 托：托付。六尺之孤：孩子死去父亲叫"孤"。六尺之孤，指尚未成年而登基继位的年幼君主。

[4] 百里：指诸侯国。

[5] 与（yú 于）：同"欤"，语气词。

曾子曰："士不可以不弘毅[1]，任重而道远。仁以为己任，不亦重乎？死而后已，不亦远乎？"

子曰："兴于诗，立于礼，成于乐。"

曾子说："读书人不可以不志向远大而又意志坚强，因为他们的任务重大而路途遥远。他们把在天下实行仁德作为己任，这不是很艰巨的吗？奋斗到死方休，这不是很遥远吗？"

孔子说："诗可以振奋精神，礼节可以坚定信念，音乐可以促进成功。"

◎ 原文注释

[1] 弘毅：宽弘大量，刚强坚忍。

○品画鉴宝 象牙雕村居图屏·清

子曰："民可使由之，不可使知之。"

子曰："好勇疾贫[1]，乱也。人而不仁，疾之已甚[2]，乱也。"

孔子说："可以让老百姓按我们的意愿去做事，不必让他们知道这是为什么。"

孔子说："好勇斗狠而又厌恶贫困，这是祸乱之源。对于不仁德的人，痛恨他们太过分了，也会导致祸乱。"

◎ 原文注释

〔1〕疾：厌恶，憎恨。

〔2〕已甚：太甚，太过分。

161

子曰："如有周公之才之美，使骄且吝 [1]，其余不足观也已。"

子曰："三年学，不至于谷 [2]，不易得也。"

孔子说："如果有周公那样完美的才能和资质，却骄傲和吝啬，那别的方面也就不值一提了。"

孔子说："认真读书三年，而不想着要去做官吃俸禄，这种人是非常难得的。"

◎ 原文注释

〔1〕吝：吝啬，小气，过分爱惜，应当用而不用。

〔2〕谷：谷子，小米。此处是俸禄的意思。

○ 品画鉴宝　串项饰·西周

子曰："笃信好学 [1]，守死善道 [2]。危邦不入 [3]，乱邦不居。天下有道则见，无道则隐 [4]。邦有道，贫且贱焉，耻也；邦无道，富且贵焉，耻也。"

孔子说："坚定信念勤奋好学，誓死保持这种信念，不进入危险的国家，不居住在混乱的国家。天下太平就出来做官施展抱负，不太平就隐退。国家太平，而自己仍然贫贱，这是耻辱；国家不太平，而自己却富足尊贵，这也是耻辱。"

◎ 原文注释

〔1〕笃信：指坚信自己所行的道。

〔2〕道：这里指治国做人的原则与方法。下文"邦有道""邦无道"则指社会政治局面的好与坏。

〔3〕危邦不入，乱邦不居：一个国家发生臣弑君、子弑父的现象叫乱，有将乱的征兆叫危。

〔4〕见：同"现"，指出来做官。隐：隐去，指不出来做官。

子曰："不在其位，不谋其政[1]。"

子曰："师挚之始[2]，关雎之乱[3]，洋洋乎盈耳哉。"

子曰："狂而不直，侗而不愿[4]，悾悾而不信[5]，吾不知之矣。"

孔子说："不处在那个职位上，就不考虑那个职位上的事。"

孔子说："从太师挚演奏一开始，直到演奏《关雎》结束，美妙动听的音乐充满了整个耳朵。"

孔子说："狂妄而不正直，幼稚而不敦厚，无能而又不守信用，我不知道这种人为什么会这样。"

◎ 原文注释

〔1〕谋：参与，考虑，谋划

〔2〕师挚（zhì 至）：鲁国名叫挚的乐师。始：乐曲的开端。

〔3〕《关雎》之乱：古代奏乐，开端称"始"，"乱"是乐曲的结尾。这句话的意思
是说演奏到结尾时所奏的《关雎》的乐章。

〔4〕侗（tóng 铜）：幼稚，无知。愿：谨慎，老实，厚道

〔5〕悾悾：无能。

子曰："学如不及[1]，犹恐失之[2]。"

子曰："巍巍乎[3]！舜、禹之有天下也，而不与焉[4]。"

孔子说："像求学时唯恐赶不上一样，学到后又担心忘记它。"

孔子说："多么伟大啊，舜、禹虽执掌天下国家，却整日辛劳，丝毫不是为自己。"

◎ 原文注释

〔1〕不及：赶不上。这里把学习比作像追逐什么一样，唯恐赶不上。

〔2〕失之：丢掉。这里是说唯恐把好不容易学到的学问又丢失掉。

〔3〕巍巍：本是形容高大雄伟的山，在这里是赞美舜和禹的崇高伟大。

〔4〕与（yù 玉）：通"预"。参与，含有私自占有和享受的意思。

品画鉴宝　原始青瓷尊·商

子曰："大哉，尧之为君也！巍巍乎，唯天为大，唯尧则之[1]。荡荡乎[2]，民无能名焉[3]。巍巍乎，其有成功也！焕乎[4]，其有文章[5]！"

孔子说："伟大啊，尧这样的君主！多么崇高呀，只有天最高大了，也只有尧能够效法天。他的恩德浩荡博大呀，人民不知怎样来赞美他。多么伟大呀，他取得的丰功伟业。光辉灿烂呀，他所制定的礼乐典章。"

◎ 原文注释

[1] 则：效法。

[2] 荡荡：广大，广远。

[3] 名：称赞。

[4] 焕：形容美好。

[5] 文章：指礼乐制度。

舜有臣五人而天下治。武王曰："予有乱臣十人[1]。"孔子曰："才难[2]，不其然乎？唐、虞之际，于斯为盛[3]，有妇人焉，九人而已。三分天下有其二，以服事殷，周之德，其可谓至德也已矣。"

舜有五个贤臣而使天下大治。周武王说："我有治国贤臣十人。"孔子说："人才难得，难道不是这样吗？唐尧、虞舜之后到周代可说是人才最兴盛的时期了，而武王的十个人才中间其实还有一名妇女，实际上只有九人而已。周朝已得到天下的三分之二，仍以臣子的态度事奉殷朝。周朝的道德，可以说是最高的了吧。"

◎ 原文注释

[1] 乱臣：能治理国家的大臣。乱，治也。

[2] 才难：人才难得。

[3] 于斯为盛：指唐、虞之后，直到周代才出现人才济济的景象。

子曰："禹，吾无间然矣[1]！菲饮食而致孝乎鬼神[2]，恶衣服而致美乎黻冕[3]，卑宫室而尽力乎沟洫[4]。禹，吾无间然矣！"

孔子说："禹，我对他没有什么可批评的了！他自己的饮食很差而祭祀祖先和神明的祭品却十分丰盛，他平时穿破旧衣服而祭祀时穿得极为讲究，自己住得很坏而尽力修治沟渠水道。禹，我真是对他没有什么可批评的了！"

◎ 原文注释

[1] 间然：本意指空隙。这里是批评的意思。

[2] 菲（fěi 匪）：微薄。

[3] 黻（fú 甫）：祭祀时穿的衣服。冕：祭祀时戴的帽子。

[4] 沟洫（xù 绪）：即沟渠，这里指农田水利。

第
九
篇

子
罕

○ 品画鉴宝 勾连雷纹鼎·春秋

子罕言利与命与仁[1]。

达巷党人曰[2]："大哉孔子！博学而无所成名。"子闻之，谓门弟子曰："吾何执[3]？执御乎？执射乎？吾执御矣。"

孔子很少谈论功利、命运和仁德。

达巷有一个人说："伟大呀，孔子！学问渊博只是没有树立自己名声的专长。"孔子听了这话后，对门下弟子说："我该专门做什么？是驾车呢？还是射箭呢？我看还是专门驾车吧！"

◎ **原文注释**

〔1〕罕：少。

〔2〕达巷党人：达巷那个地方的人。

〔3〕执：专执，专门从事。

169

子曰："麻冕[1]，礼也；今也纯[2]，俭[3]。吾从众。拜下[4]，礼也；今拜乎上，泰也[5]。虽违众，吾从下。"

子绝四[6]：毋意[7]，毋必[8]，毋固[9]，毋我[10]。

孔子说："用麻做礼帽，这是符合传统礼仪的；现在都采用黑丝，更省俭些。我跟随大家的做法。臣见君要先在堂下跪拜，然后升堂再磕头，才符合礼仪；现在只在堂上跪拜，这就显得傲慢了。虽然违反大家的意见，我还是先在堂下拜。"

孔子戒除四种坏习惯：不凭空推测，不主观武断，不刻板固执，不自以为是。

◎ 原文注释

〔1〕麻冕：一种麻布制作的礼帽。

〔2〕纯：丝。

〔3〕俭：省俭。绩麻做礼帽，按规定要用经线二千四百根，细密难成，不如用丝俭省。

〔4〕拜下：古时候臣见君时的一种礼节。臣见君时需先跪拜于堂下，待升堂后再跪拜。

〔5〕泰：骄纵，奢侈。

〔6〕绝：杜绝的意思。

〔7〕毋：同"无"，下同。意：通臆，主观地推测。

〔8〕必：必定。这里是武断的意思。

〔9〕固：固执，执拗。

〔10〕我：自以为是。

○ 品画鉴宝　青釉壶·五代　此壶丰满呈瓜形，喇叭形口，壶身青翠莹润，是五代越窑青瓷的典型器具之一。

子畏于匡 [1]，曰："文王既没 [2]，文不在兹乎？天之将丧斯文也，后死者不得与于斯文也 [3]；天之未丧斯文也，匡人其如予何？"

孔子被囚禁在匡地。他说道："周文王死了以后，传统文化不都在我这里吗？天意如果使这种文化消失，那么我也就不能掌握这种文化了；天意如果不想使这种文化消失，匡地人又能把我怎么样呢？"

◎ 原文注释

〔1〕畏：囚禁。匡：地名，在今河南省长垣县西南。

〔2〕没：死了。

〔3〕后死者：孔子自称。

太宰问于子贡曰[1]："夫子圣者与？何其多能也？"子贡曰："固天纵之将圣，又多能也。"子闻之，曰："太宰知我乎！吾少也贱，故多能鄙事[2]。君子多乎哉？不多也。"

太宰问子贡道："孔夫子是位圣人吧？为什么他这样多才多艺呢？"子贡说："这原本是上天要让他成为圣人，所以让他多才多艺。"孔子听到这话，说："太宰了解我吗？我小时候贫穷，所以学会了很多粗鄙的技艺。真正的君子要不要多能呢？我看不一定要多能。"

◎ 原文注释

[1] 太宰：官名。

[2] 鄙事：指一般老百姓所从事的事。

牢曰[1]："子云：'吾不试[2]，故艺。'"

子曰："吾有知乎哉？无知也。有鄙夫问于我[3]，空空如也，我扣其两端而竭焉[4]。"

牢说："孔子说过，我没有被国家所用，所以学到许多技艺。"

孔子说："我有知识吗？没有知识。有个农夫问我，我本来不知道如何回答。我仔细推敲他前后的话，竭力得出答案告诉他。"

◎ 原文注释

[1] 牢：人名，姓琴，字子开，一字子张。孔子的学生。

[2] 试：任用。

[3] 鄙夫：这里指乡村的人。

[4] 扣：同叩，叩问、询问。两端：两头，指事情问题的正反、始终、本末等两个方面。竭：完全，穷尽。

子曰："凤鸟不至^[1]，河不出图^[2]，吾已矣夫！"

子见齐衰者^[3]、冕衣裳者与瞽者^[4]，见之，虽少必作^[5]；过之，必趋^[6]。

孔子说："凤凰不飞来了，黄河也不出图了，我的一生就快结束啦！"

孔子看见穿丧服的人，戴礼帽穿礼服的人和盲人，见面时，即使他们比自己小，也一定要站起来；经过他们面前，一定加快步子。

◎ 原文注释

〔1〕凤鸟：凤凰，古代传说中的神鸟，据说只有在天下太平时才出现。

〔2〕河不出图：相传在伏羲时黄河中有龙马负图而出。据说圣王受天命时才有此祥瑞之兆。

〔3〕齐衰（zī cuī 咨崔）：用粗麻布制作的一种丧服。五服（丧服）之一，仅次于斩衰。

〔4〕冕衣裳者：这里指做官的。冕，帽。衣，上服。裳，下服。这里均指做官的穿的礼服而言。瞽者：盲人。

〔5〕作：站起来。表示敬意。

〔6〕趋：快步走。表示敬意。

颜渊喟然叹曰[1]："仰之弥高[2]，钻之弥坚，瞻之在前，忽焉在后。夫子循循然善诱人[3]，博我以文，约我以礼。欲罢不能，既竭吾才，如有所立卓尔[4]。虽欲从之，末由也已[5]。"

颜渊长声地叹息道："越是敬仰老师的学问，越是感到高远，越是努力钻研，越觉得艰深，看上去像在眼前，忽然又到后面去了。老师善于一步一步地诱导我们，用广博的文献丰富我，用礼仪约束我，我想停止学习都不可能。我已经尽了自己最大的才能，似乎才看到道理已卓然立在我的眼前。虽然我想追上去，却又找不到途径去追。"

◎ 原文注释

[1] 喟（kuì 溃）然：叹息的样子。

[2] 仰：仰望。弥：更加，越发。

[3] 循循：一步一步有次序地。

[4] 卓尔：高大直立的样子。

[5] 末由：不知从什么地方的意思。这里是说，学习越深入，进步就越难。末，没有，无。由，途径。

子疾病，子路使门人为臣^[1]。病间，曰^[2]："久矣哉，由之行诈也！无臣而为有臣，吾谁欺？欺天乎？且予与其死于臣之手也，无宁死于二三子之手乎^[3]？且予纵不得大葬^[4]，予死于道路乎？"

孔子病重，子路派同学们充当家臣，准备后事。孔子病情好转后说道："已经很久了吧，子路做这种事是欺诈呀！没有家臣而冒充有家臣，让我去欺骗谁？欺骗上天吗？况且我与其死在家臣的手上，还不如死在你们这些学生的手上。况且我即使不能用隆重的礼仪厚葬，难道我会死在路上没人埋葬吗？"

◎ 原文注释

〔1〕臣：这里指家臣。

〔2〕病间（jiān 见）：病略好一些。间，少差。

〔3〕无宁：宁可。无：是发语词，无义。

〔4〕大葬：古代君臣的葬礼。这里指大夫的葬礼。

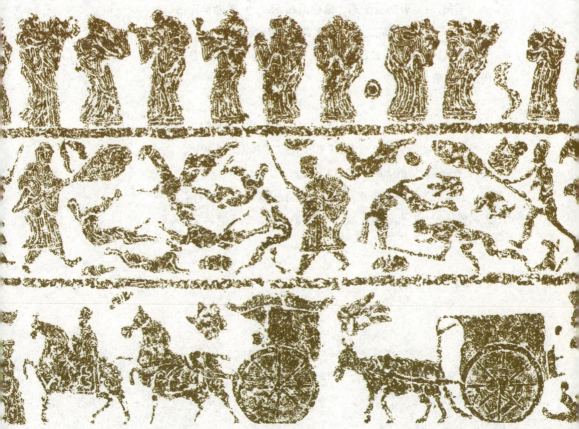

○ 品画鉴宝 拱手玉人·商

子贡曰："有美玉于斯，韫椟而藏诸[1]？求善贾而沽诸[2]？"子曰："沽之哉！沽之哉！我待贾者也！"

子欲居九夷[3]。或曰："陋[4]，如之何？"子曰："君子居之，何陋之有？"

子贡说："有一块美玉在这里，收在匣子里藏起来呢？还是找个识货的商人卖掉它呢？"孔子说："卖掉吧！卖掉吧！我正在等待识货的人呢！"

孔子想搬到九夷去住。有人劝说道："那地方太简陋了，怎么能住呢？"孔子说："君子住到那里去，就不简陋了。"

◎ 原文注释

[1] 韫椟（yùn dú 运读）：收藏在柜子里。韫，收藏。椟，柜子。

[2] 贾（gǔ 古）：有固定店铺的商人。沽：卖。

[3] 九夷（yí 移）：东方的少数民族的总称。

[4] 陋：本义是狭小，简陋。这里引申为经济、文化的落后。

子曰："吾自卫反鲁[1]，然后
乐正，《雅》、《颂》各得其所。"

子曰："出则事公卿，入则事父
兄，丧事不敢不勉，不为酒困，何
有于我哉？"

孔子说："我从卫国返回鲁
国，然后对音乐的篇章进行修订，
使《雅》《颂》各自处在适当的位
置上。"

孔子说："出外做官就事奉王
公大臣，回到家里就事奉父母兄
长，有丧事不敢不尽力去办，不被
酒食所困扰，这些事对于我又算得
了什么呢？"

◎ 原文注释

〔1〕反：通"返"。

○ 品画鉴宝　孔子为鲁司寇像·明

子在川上曰 [1]："逝者如斯夫！不舍昼夜 [2]。"

子曰："吾未见好德如好色者也。"

孔子站在河边上说："逝去的时光就像这流水一样呀！日夜不停地流去。"

孔子说："我没有见过喜爱美德胜过喜好美色的人。"

◎ 原文注释

[1] 川上：河边。

[2] 舍：这里是停止的意思。

子曰："譬如为山，未成一篑[1]，止，吾止也。譬如平地，虽覆一篑[2]，进，吾往也[3]。"

子曰："语之而不惰者[4]，其回也与[5]！"

孔子说："好比用土堆山，只差一筐土就要堆成了，如果停止，那是我自己放弃了。又好比用土平地，即使刚倒一筐土，如果要前进，是我自己要前进的。"

孔子说："听我说话的时候，能够丝毫不懈怠的，大概只有颜回吧！"

◎ **原文注释**

〔1〕篑（kuì 溃）：土筐。

〔2〕覆：装土用的竹筐。

〔3〕往：前进。

〔4〕惰：懈怠，不太恭敬。

〔5〕其：表示揣测、反诘。与：同"欤"，语气助词。

子谓颜渊，曰："惜乎！吾见其进也，未见其止也！"

子曰："苗而不秀者有矣夫[1]！秀而不实者有矣夫！"

　　孔子谈到颜渊时叹息道："(死得)可惜呀！我只看见他不断进步，从没有看见他停止过。"

　　孔子说："庄稼出了苗而不吐穗开花是有的吧！抽穗开花而不结果实也是有的吧。"

◎ 原文注释

〔1〕秀：谷类抽穗开花。

○ 品画鉴宝　跪式玉人·商

子曰："后生可畏，焉知来者之不如今也？四十、五十而无闻焉，斯亦不足畏也已。"

　　孔子说："年轻人最值得敬畏，怎能断定他们将来赶不上我们现在的人呢？如果人到四十、五十岁仍然默默无闻，也就不值得畏惧了。"

○ 品画鉴宝 犀角雕山水人物图杯·清 杯用犀角雕成，敞口敛足。
此器色泽深沉，纹理细密，质料极佳。纹饰繁缛，在平面上刻画出透
视效果，深具界画之意味，表现出鲜明的时代特征。

子曰："法语之言[1]，能无从乎？改之为贵。巽与之言[2]，能无说乎[3]？绎
之为贵[4]。说而不绎，从而不改，吾末如之何也已矣。"

孔子说："严肃的告诫，能够不接受吗？但听了后要改正错误才可贵。恭敬赞
美的话，听了能不高兴吗？但要正确分析它才可贵。盲目高兴而不加分析，表面
接受而不改正，这种人我就没有办法对付他。"

◎ 原文注释

〔1〕法语之言：正正经经说的话，正言劝谏。

〔2〕巽（xùn 逊）与之言：恭敬赞美的话。巽，恭顺，谦逊。与，称许。

〔3〕说：同"悦"。

〔4〕绎（yì 亦）：寻求，推究。

子曰："主忠信，毋友不如己者，过则勿惮改。"
子曰："三军可夺帅也[1]，匹夫不可夺志也[2]。"

孔子说："重视忠诚和信义，不结交不如自己的人，有了过错就不要害怕改正。"
孔子说："三军的统帅可以被夺去，一个男人的志气决不可以被强迫改变。"

◎ 原文注释

〔1〕三军：古制一万二千五百人为一军，周朝一个大诸侯国可拥有三军。

〔2〕匹夫：普通的人，男子汉。

子曰："衣敝缊袍[1]，与衣狐貉者立，而不耻者，其由也与？'不忮不求，何用不臧[2]？'"子路终身诵之。子曰："是道也，何足以臧？"

孔子说："穿着破旧的丝棉袍子，同穿着狐貉皮袄的人站在一起，而丝毫不觉得羞愧的人，大概只有子路吧？《诗经》说，'不嫉妒不贪求，有什么不好？'"子路始终读诵这两句诗。孔子说："这是做人的起码道理，仅仅能够做到这样，又怎么能够好呢？"

◎ 原文注释

[1] 衣敝缊（yūn 运）袍：穿着破旧的丝棉袍。衣，动词，穿。敝，坏。缊，旧丝棉絮。

[2] 不忮（zhì 志）不求，何用不臧（zāng 脏）：不嫉妒不贪求，有什么不好？忮，嫉妒。求，贪求。臧，善，好。

子曰："岁寒，然后知松柏之后彫也[1]。"
子曰："知者不惑[2]，仁者不忧，勇者不惧。"

孔子说："天气寒冷之后，才会知道松树、柏树是最后落叶的。"

孔子说："聪明的人不会困惑，仁德的人不会忧愁，勇敢的人不会畏惧。"

◎ 原文注释

[1] 彫：同"凋"，凋谢。

[2] 知：同"智"。智、仁、勇，是孔子提倡的三种传统美德。

子曰："可与共学，未可与适道 [1]；可与适道，未可与立 [2]；可与立，未可与权 [3]。"

"唐棣之华 [4]，偏其反而，岂不尔思？室是远而。"子曰："未之思也，夫何远之有？"

孔子说："可以在一起学习的人，不一定能够志同道合；能够志同道合的人，不一定可以共同依礼行事；可以一起依礼行事的人，不一定可以一道通权达变。"

古诗说："唐棣树的花儿翩翩地摇曳，难道我不思念你吗？是因为相去太遥远。"孔子说："还是没有去想念吧，(如果真想，)怎么会觉得遥远呢？"

◎ 原文注释

[1] 适道：达到道。适，往。

[2] 立：志向坚定不变。

[3] 权：秤锤。秤锤能够权衡物的轻重，"可与权"，这里是说能够通权达变。

[4] 唐棣之华：唐棣树的花。唐棣，一种树。华，花。

孔子于乡党，恂恂如也[1]，似不能言者。其在宗庙朝廷，便便言[2]，唯谨尔[3]。

朝，与下大夫言，侃侃如也[4]；与上大夫言，訚訚如也[5]。君在，踧踖如也[6]，与与如也[7]。

孔子在家乡父老面前，显得非常温和恭顺，好像不会说话的样子。他在祖庙里或朝廷上，却能侃侃而谈明析善辩，只是说的很慎重罢了。

孔子上朝时，同下大夫交谈，显得温和而快乐，同上大夫谈话，显得恭敬正直。国君临朝时，显得恭恭敬敬而心中不安，走起路来小心谨慎。

◎ 原文注释

〔1〕 恂恂（xún寻）：郑重，谦恭的样子。

〔2〕 便便：能言善辩的样子。

〔3〕 谨：小心，谨慎。

〔4〕 侃侃（kǎn砍）：刚毅正直，这里指说话时理直气壮，从容不迫。

〔5〕 訚訚（yín银）：和颜悦色而能中正诚恳，尽言相诤。

〔6〕 踧踖（cù jí促吉）：恭敬不安的样子。

〔7〕 与与：慢步行走，非常小心谨慎的样子。

第十篇 乡党

○ 品画鉴宝　鸟形玉柄·商

君召使摈[1]，色勃如也[2]，足躩如也[3]。揖所与立，左右手，衣前后，襜如也[4]。趋进[5]，翼如也[6]。宾退，必复命曰："宾不顾矣[7]。"

国君派孔子去接待外国宾客，孔子的表情庄重，脚步也快起来。他向站在两旁的人作揖，又向左右拱着手，衣服一俯一仰，显得很整齐。他快步前进时，像鸟儿舒展翅膀，宾客走后，他一定向国君回报说："客人已经走远了。"

◎ **原文注释**

〔1〕摈：同"傧"。古代称接引招待宾客的负责官员。这里用作动词，指国君下令，派孔子去接待外宾。

〔2〕勃如：心情兴奋紧张，脸上表现得庄重矜持。

〔3〕躩（jué 决）如：足步盘旋的样子。

〔4〕襜（chān 掺）：衣服前后摇动而整齐的样子。

〔5〕趋进：快步前进。这是一种表示敬意的行为。

〔6〕翼如也：像鸟展翅一样。

〔7〕不顾：不回头看。指客人已走远了。

○ 品画鉴宝　江上垂钓图·清·髡残　画面溪流从山顶倾泻而下，经过山腰人家，然后穿云破雾注入江中。对岸江水荡漾的岸边平台上，钓者垂竿，观者侧立，笔力苍劲，意境深邃。

入公门^[1]，鞠躬如也^[2]，如不容^[3]。立不中门，行不履阈^[4]。过位^[5]，色勃如也，足躩如也，其言似不足者。摄齐升堂^[6]，鞠躬如也，屏气似不息者^[7]。出，降一等^[8]，逞颜色^[9]，怡怡如也。没阶^[10]，趋进，翼如也。复其位，踧踖如也。

孔子走进朝廷的大门，恭恭敬敬又非常谨慎，好像没有容身之地。站，不站在门中间，走，不踩在门坎上，经过国君的座位时，脸色更加庄重严肃，走路小心翼翼，说话好像中气不足。提直衣服下摆走上朝堂，显得小心谨慎，憋住气好像不敢呼吸。出堂下，走下一级台阶，才舒缓面容，显出怡然自得的样子。下完台阶，快步走着，像鸟舒展着翅膀。回到自己的位置上，显得恭敬严肃。

◎ 原文注释

〔1〕公门：指朝廷之门。

〔2〕鞠躬：恭敬谨慎的样子。

〔3〕不容：没有容身之地。

〔4〕阈（yù 玉）：门坎。

〔5〕过位：经过国君的座位。在门与屏风之间，君虽不在，过之必敬。

〔6〕摄齐（shē zī 社咨）：用手指抠住衣服的下缝往上提，使衣下襟离开地面，以免被绊倒而失礼。摄，抠。齐，衣服的下缝。

〔7〕屏气：憋住气。

〔8〕降一等：从台阶上走下一级。

〔9〕逞颜色：指放松表情。逞，舒展，显露。

〔10〕没阶：走完台阶。

　　执圭[1]，鞠躬如也，如不胜[2]。上如揖，下如授。勃如战色，足蹜蹜[3]，如有循。享礼[4]，有容色。私觌[5]，愉愉如也。

　　孔子参加典礼握着圭，谨慎恭敬，好像举不起来。向上举时好像在作揖，向下放时好像在交给别人。严肃得好像在作战，脚步谨慎畏怯，好像沿着一条线走。赠送礼物时，脸色和悦。参加私人会见，显得轻松愉快。

◎ 原文注释

〔1〕圭（guī 归）：一种尖头长方形的玉器。帝王诸侯举行典礼时所用，大小名称因爵位和用途不同而异。

〔2〕胜（shēng 升）：能够负担。

〔3〕蹜蹜（sù 宿）：形容小步快走。

〔4〕享礼：指使臣向主人进献礼物的仪式。享，献。

〔5〕私觌（dí 敌）：以私人身份会见外宾。觌，相见，会见。

君子不以绀緅饰[1]，红紫不以为亵服[2]。当暑，袗绤绤[3]，必表而出之。缁衣[4]，羔裘[5]；素衣，麑裘[6]；黄衣，狐裘。亵裘长，短右袂[7]。必有寝衣，长一身有半。狐貉之厚以居。去丧，无所不佩。非帷裳[8]，必杀之[9]。羔裘玄冠不以吊[10]。吉月，必朝服而朝。

君子不用天青色和红青色的布做镶边，红色紫色的布不用来做居家的便服。夏季，穿粗的或细的麻布单衣，一定要套在外面。黑色的罩衣，配黑色的羊皮袍；白色的罩衣，配白色的鹿皮袍；黄色的罩衣，配黄色的狐貉皮袍。家里穿的皮袍较长，右边的袖子稍短。睡觉一定要有睡衣，要有一个半的身长。用狐、貉的厚皮来做坐垫。丧期过后就什么东西都可以佩戴。如果不是礼服，一定要裁掉多余部分。吊丧不穿黑羊皮袍、不戴黑色礼帽。每月初一，一定要穿上朝服拜见君主。

◎ **原文注释**

[1] 绀（gàn 干）緅（zōu 邹）饰：天青色和红青色的布做镶边。绀，深青中带红的颜色，通常称天青色。緅，黑中带红的颜色，通常称红青色。饰，给衣领、衣袖镶边。

[2] 亵（xiè 泻）服：平时在家穿的便服。

[3] 袗（zhěn 珍）绤（chī 痴）绤（xì 细）：穿着葛布单衣。袗，穿单衣。绤，细葛布。绤，粗葛布。

[4] 缁（zī 兹）：黑色。

[5] 羔裘：这里指黑羊羔皮袍。

[6] 麑（ní 尼）裘：这里指白色小鹿皮袍。

[7] 短右袂（mèi 妹）：右袖短，便于做事。袂，袖子。

[8] 帷裳：上朝和祭祀时穿的礼服，用整幅布做成，不剪裁，多余的布打成褶子。

[9] 必杀之：一定要裁剪掉多余的布。

[10] 玄冠：一种黑色礼帽。

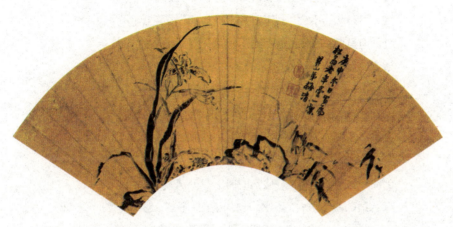

○ 品画鉴宝　竹石萱花图扇面·清·梅清

齐^[1]，必有明衣^[2]，布。齐必变食^[3]，居必迁坐^[4]。

斋戒沐浴时，一定要有浴衣，用布料做。斋戒时一定要改变平常的饮食，居住一定要迁移卧室。

◎ **原文注释**

〔1〕齐：同"斋"，斋戒。

〔2〕明衣：浴衣。洗完澡后，穿上浴衣，明洁其体。

〔3〕变食：改变平时的饮食。指不饮酒，不茹荤，不吃葱蒜等具有
　　　浓厚气味的蔬菜。

〔4〕迁坐：改换平常的住处。指斋戒时不与妻妾同房。

食不厌精，脍不厌细[1]。食饐而餲[2]，鱼馁而肉败[3]，不食。色恶，不食。臭恶，不食。失饪[4]，不食。不时[5]，不食。割不正[6]，不食。不得其酱，不食。肉虽多，不使胜食气[7]。惟酒无量，不及乱[8]。沽酒市脯[9]，不食，不撤姜食，不多食。

粮食不嫌做得精，肉不嫌切得细。食物发酸或发臭，鱼变质或肉腐败，都不吃。食物的颜色难看，不吃。气味难闻，不吃。烹饪火候不恰当，不吃。没到时令的食物，不吃。砍割的肉不合刀法，不吃。没有合适的调味佐料，不吃。吃的肉虽然很多，但吃肉不超过主食。只有酒不限量，但不喝醉。从市场上买来的酒和肉干，不吃。餐餐不离姜，但也不多吃。

◎ **原文注释**

[1] 脍：细切的肉。

[2] 饐（yì 意）：食物经久而发臭。餲（ài 爱）：食物经久而变味。

[3] 鱼馁（něi）而肉败：鱼腐烂叫"馁"，肉腐烂叫"败"。

[4] 饪：烹调，煮熟。

[5] 不时：不到该吃的时候。

[6] 割不正：指肉割得不方正。

[7] 食气：气同"饩（xì 戏）"，粮食，主食。

[8] 乱：神志昏乱，指酒醉。

[9] 沽酒市脯：买来的酒和干肉。脯，干肉。

祭于公^[1]，不宿肉^[2]。祭肉不出三日^[3]。出三日，不食之矣。

食不语，寝不言。

参加朝庙的祭祀后，祭肉拿回去不过夜。祭祀用的肉保存不超过三天。超过三天，就不吃它了。

吃饭时不交谈，睡觉时不讲话。

◎ 原文注释

〔1〕祭于公：指士大夫等参加国君举行的祭祀典礼。

〔2〕不宿肉：不把肉留到第二天。

〔3〕祭肉：指自家祭祀时用过的肉。

○ 品画鉴宝　西园雅集图·清·原济

虽疏食菜羹 [1]，必祭，必齐如也 [2]。

席不正 [3]，不坐。

乡人饮酒 [4]，杖者出 [5]，斯出矣。

即使是糙米菜汤，也一定先要祭一祭，祭时一定要像斋戒一样
认真。

坐席摆得不端正，就不会坐下来。

行乡饮酒礼后，等老年人离席了，孔子才出去。

◎ 原文注释

[1] 疏食：粗食，吃蔬菜和谷米类。羹：浓汤。

[2] 齐：同"斋"。

[3] 席：席子。古代没有椅凳，都是在地上铺上席子，席地而坐。

[4] 乡人饮酒：指举行乡饮酒礼。

[5] 杖者：持拐杖的人，此处指老人。

乡人傩[1]，朝服而立于阼阶[2]。

问人于他邦[3]，再拜而送之。

康子馈药[4]，拜而受之，曰："丘未达[5]，不敢尝。"

乡人举行迎神驱鬼仪式时，孔子也要穿上朝服站在东边的台阶上。

托人向住在外邦的朋友问候，要对受托的人拜谢两次再送别。

季康子赠药给孔子，孔子拜谢后收了下来，但他说："我对药性不了解，不敢吃。"

◎ 原文注释

[1] 傩（nuó 挪）：古时一种迎神驱鬼的风俗。

[2] 阼（zuò 作）阶：大堂前面靠东面的台阶，这里是指主人站立以欢迎客人的地方。

[3] 问：问候，问好。这里指托别人代为致意。

[4] 馈（kuì 愧）：赠送。按当时的礼节，接受别人送的药，要当面尝一尝。

[5] 达：指了解药性。

厩焚[1]。子退朝，曰："伤人乎？"不问马。

君赐食[2]，必正席先尝之。君赐腥[3]，必熟而荐之[4]。君赐生[5]，必畜之。侍食于君，君祭，先饭[6]。

马棚被烧了。孔子从朝堂回来，问道："伤人了吗？"却没有问马的情况。

国君赏赐食物，孔子一定要摆正坐席先尝尝。国君赏赐生肉，煮熟后一定要先供奉祖先。国君赏赐活物，一定要畜养它。陪奉国君同食，国君祭祀时，孔子就自己先吃饭。

◎ **原文注释**

〔1〕厩（jiū 旧）：马棚。焚：失火。

〔2〕食：指熟食。

〔3〕腥：指生肉。

〔4〕荐：上供，供奉。进献祖宗。

〔5〕生：指活物。

〔6〕先饭：先吃饭而不吃菜。

○ 品画鉴宝　鸟形玉双援戈·商　体扁平，内呈鸟身。有突出的喙，尾部上卷，爪呈钩状，尾、足各有镂孔，刻划线条表示羽毛。鸟冠为一大一小弯形戈援，大援有扉齿和穿孔，可佩系。

疾，君视之，东首^[1]，加朝服^[2]，拖绅^[3]。

君命召，不俟驾行矣^[4]。

入太庙，每事问。

朋友死，无所归^[5]，曰："于我殡^[6]。"

朋友之馈，虽车马，非祭肉，不拜。

寝不尸^[7]，居不客^[8]。

孔子病了，君主来看望他，他便头向东，把朝服盖在身上，拉上大朝带。

君主下令召见孔子，他不等到备好车马就走了。

孔子来到太庙，每件事都请教别人。

朋友死了，没有亲人来料理。孔子说："由我来安葬吧。"

朋友给予的馈赠，即使是贵重的车马，只要不是祭祀用的肉，孔子接受时就不拜谢。

孔子睡觉不像尸体一样仰卧躺着，平时在家坐着也不像接见客人或做客一样。

◎ 原文注释

〔1〕东首：头朝东。指孔子面向东边，迎接国君。

〔2〕加朝服：把上朝时穿的朝服加盖在身上。孔子病卧在床上，君主来看他，他无法起来穿上朝服迎接君主，为了不失礼于君，就把朝服加盖在身上。

〔3〕拖绅：指腰带向下拖着。绅，束在腰间，一头下垂的大带。

〔4〕俟（sì 四）：等待。

〔5〕归：归葬。

〔6〕于我殡：丧事由我办理。殡，指丧葬事务。

〔7〕寝：睡觉。尸：这里指仰卧着像死尸一样。

〔8〕居：坐着，即在家里的时候。

见齐衰者[1]，虽狎[2]，必变。见冕者与瞽者[3]，虽亵[4]，必以貌。凶服者式之[5]。式负版者[6]。有盛馔[7]，必变色而作。迅雷风烈[8]必变。

孔子看见穿丧服的人，即使是熟人，也一定变得严肃。看见戴礼帽和瞎了眼的人，即使是经常相见，也一定礼貌相待。在车上看见穿送葬衣服的人，要手扶车前横木，身体向前俯，表示致意。看见背负国家图籍的人，也要手扶车前横木致意。遇有丰盛的筵席，一定要脸色庄严地站起来。碰上打雷、刮大风，也一定变色以示不安。

○ 品画鉴宝　端石苍龙砚·清

◎ **原文注释**

〔1〕齐衰（zī cuī 咨崔）：丧服名，五服之一。用粗麻布制成。

〔2〕狎（xiá 匣）：亲近，亲热。

〔3〕冕者：戴着礼帽的人。瞽者：眼睛失明的人。

〔4〕亵（xiè 谢）：平常的会见，这种会见不用君臣之礼。

〔5〕式：同"轼"，车前横木，供扶手用。这里作动词用。

〔6〕版：国家图籍。

〔7〕盛馔：盛大的筵席。

〔8〕风烈：猛烈的大风。烈，猛烈。

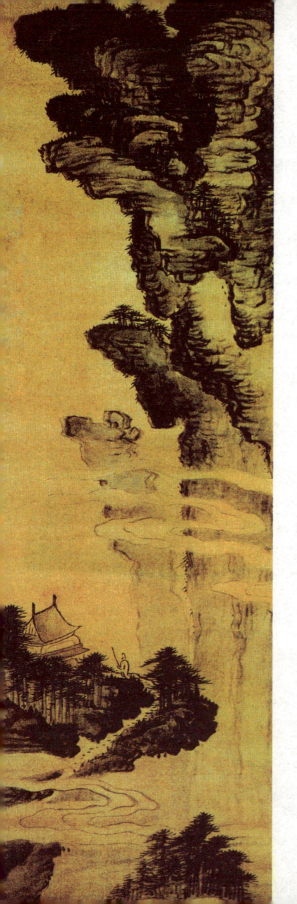

升车[1]，必正立执绥[2]。车中，不内顾[3]，不疾言，不亲指[4]。

色斯举矣[5]，翔而后集。曰："山梁雌雉[6]，时哉！时哉！"子路共之[7]，三嗅而作[8]。

孔子上车的时候，一定端端正正地站着，手拉上车的绳索。坐在车中，不回头看，不大声快速讲话，也不指指点点。

一发现危险，野鸡就飞向天空，盘旋后又聚集在一块。孔子说："梁上这些野鸡(知危而去)，识时务呀，识时务呀！"子路对它们肃然拱手，野鸡扑扑翅膀飞走了。

◎ 原文注释

[1] 升车：上车

[2] 绥（suí 随）：车上绳索，上车时用手拉着它。

[3] 内顾：回头看。

[4] 不亲指：不用手指画。

[5] 色：脸色。举：鸟儿飞起来。

[6] 雌雉：雌野鸡。

[7] 共：同拱

[8] 嗅：唐代石经《论语》作"戞"。"戞"是鸟的长叫声。三嗅，指野鸡长叫了几声。

子曰："先进于礼乐[1]，野人也[2]；后进于礼乐，君子也[3]。如用之，则吾从先进。"

子曰："从我于陈、蔡者[4]，皆不及门也[5]。"

德行[6]：颜渊，闵子骞，冉伯牛，仲弓。言语[7]：宰我，子贡。政事[8]：冉有，季路。文学[9]：子游，子夏。

孔子说："先学习礼乐然后再做官，这是没有爵位的一般士人；先做官然后再学习礼乐，是贵族士大夫出身的子弟。如果要我选用人才，那我主张选用先学习礼乐的人。"

孔子说："过去跟随我在陈国、蔡国吃苦的学生，现在都不在我的身边了。"

品德修养好的有：颜渊、闵子骞、冉伯牛、仲弓。能言善辩的有：宰我、子贡。宜于政事的有：冉有、季路。文化修养好的有：子游、子夏。

◎ 原文注释

[1] 先进：先学习。与之后的"后进"皆指仕进的先后而言。

[2] 野人：这里指平民，没有爵禄的平民。

[3] 君子：这里指有爵禄的贵族，世卿子弟。

[4] 从我于陈、蔡者：指孔子在陈、蔡间绝粮时跟随他的那些弟子。

[5] 不及门：指不在孔子的门下。孔子周游列国返鲁后，原来跟随他在陈、蔡间一块受难的弟子，死的死，做官的做官，回家的回家，都离开了他的门下。

[6] 德行：指能实行忠恕仁爱孝悌的道德。

[7] 言语：指长于应对辞令，办理外交。

[8] 政事：指管理国家，从事政务。

[9] 文学：指通晓西周文献典籍。

子曰："回也非助我者也，于吾言无所不说[1]。"

子曰："孝哉闵子骞[2]！人不间于其父母昆弟之言[3]。"

　　孔子说："颜回呀，他不是能启发、帮助我的学生，但他对我所讲的话没有不喜欢的。"

　　孔子说："闵子骞真孝顺呀！他父母兄弟都称赞他孝顺，别人对此也没什么可说的。"

◎ 原文注释

〔1〕说：同悦。这里是说颜渊对孔子的话从来不提出疑问或反驳。

〔2〕闵子骞：当时有名的孝子，被奉为尽孝的典范。他的孝行事迹被后人编入
　　《二十四孝》。

〔3〕间（jiàn 见）：差别，意见。昆弟：兄弟

南容三复"白圭"〔1〕，孔子以其兄之子妻之〔2〕。

季康子问："弟子孰为好学？"孔子对曰："有颜回者好学，不幸短命死矣！今也则亡〔3〕。"

南容因为每日反复诵读"白圭"这首劝人说话谨慎的诗，孔子把自己哥哥的女儿嫁给了他。

季康子问道："您的学生谁最好学？"孔子回答说："有个叫颜回的学生最好学，不幸短命死了，现在就没有这样的学生了。"

◎ 原文注释

〔1〕南容：即南宫适。白圭：指《诗经·大雅·抑》篇。该诗有劝人说话要小心谨慎的意思。

〔2〕妻（qì气）：此处作动词，意为女儿嫁人。

〔3〕亡：同"无"。

颜渊死，颜路请子之车以为之椁[1]。子曰："才不才，亦各言其子也。鲤也死[2]，有棺而无椁。吾不徒行以为之椁。以吾从大夫之后[3]，不可徒行也。"

颜渊死了，颜路请求孔子卖掉车子来为颜渊的棺木买个外椁。孔子说："不管有才能或没才能的，也都是自己的儿子啊。我儿子鲤死的时候，也是有内棺而没外椁。可我不能卖掉车子步行，而给他做外椁。因为我曾经做过大夫，按礼是不可以步行的。"

◎ 原文注释

[1] 颜路：名无繇（yóu 由），字路，颜回父亲，也是孔子的学生。椁（guǒ 果）：古代的棺材有两层，里层叫棺，外层叫椁。

[2] 鲤：孔子的儿子，字伯鱼。死时五十岁，当时孔子七十岁。

[3] 从大夫之后：跟从在大夫们的后面。这是孔子对自己曾是大夫的谦虚的表达方法。

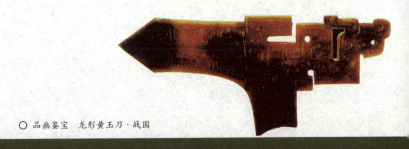

○ 品画鉴宝　龙形黄玉刀·战国

颜渊死，子曰："噫！天丧予！天丧予！"

颜渊死，子哭之恸[1]。从者曰："子恸矣！"曰："有恸乎[2]？非夫人之为恸而谁为[3]？"

颜渊死了，孔子悲伤地说："唉！这是上天要毁掉我！这是上天要毁掉我呀！"

颜渊死了，孔子哭得非常伤心。跟随孔子的人说："您太伤心了！"孔子说："我真的是太伤心了吗？可我不为这个人伤心还为谁伤心呢？"

◎ 原文注释

[1] 恸（tòng痛）：非常悲哀，极度伤心。

[2] 有恸乎：孔子由于过分哀伤，已不自知，故问。

[3] 夫（fú扶）人：这个人，指颜渊。

颜渊死，门人欲厚葬之 [1]，子曰："不可。"门人厚葬之。子曰："回也视予犹父也，予不得视犹子也 [2]。非我也，夫二三子也 [3]。"

颜渊死了，孔子的学生们想隆重地安葬他，孔子说："不可以。"但学生们还是隆重地安葬了他。孔子说："颜回啊，你对待我如同父亲一样，而我却不能待你像儿子一样啊。这不是我的主张呀，是那班学生要这样做呀。"

◎ 原文注释

〔1〕厚葬：花费大量人力、物力经营丧事。

〔2〕予不得视犹子也：孔子在这里是说，不能像安葬自己的儿子那样安葬颜回。

〔3〕二三子：这里指厚葬颜回的那些学生。

季路问事鬼神[1]。子曰："未能事人，焉能事鬼？"曰："敢问死[2]。"曰："未知生，焉知死？"

闵子侍侧，訚訚如也；子路，行行如也[3]；冉有、子贡，侃侃如也[4]。子乐。"若由也，不得其死然[5]。"

子路请教怎样侍奉鬼神。孔子说："活人我还不能侍奉好，怎么能侍奉好鬼神？"子路又问："我冒昧地请问死是怎么回事。"孔子说："我还没弄清楚生的道理，怎么知道死是什么？"

闵子骞侍立在孔子身旁，很正直恭敬的样子；子路，很刚强勇武的样子；冉有、子贡，很温和快乐的样子。孔子感到很高兴。接着他叹道"像子路这样，只怕会不得善终吧。"

◎ 原文注释

〔1〕事：同侍，侍奉。

〔2〕敢：谦词，相当于"冒昧"。

〔3〕行行：刚强的样子。

〔4〕侃侃：形容说话理直气壮，从容不迫。

〔5〕然：语气词。

○ 品画鉴宝　竹雕寒蝉葡萄洗·清　洗葡萄叶形，微拳如掌，叶缘如指裂，纳水其中，即成笔洗。此器以浮雕、镂雕、阴刻技法雕成，工艺娴熟。

鲁人为长府[1]。**闵子骞曰："仍旧贯**[2]，**如之何？何必改作？"子曰："夫人不言**[3]，**言必有中。"**

　　子曰："由之瑟[4]，**奚为于丘之门？"门人不敬子路。子曰："由也升堂矣，未入于室也**[5]。**"**

　　鲁国大臣改建国库。闵子骞说："照老样子，怎么样？为什么要改建呢？"孔子说："这个人不说则已，一开口就一定中肯。"

　　孔子说："（这些我讨厌的曲子）仲由为什么要在我门口弹呢？"因此学生们都瞧不起子路。于是孔子说："子路的学问已经相当不错了，只是还不够精深罢了。"

◎ **原文注释**

〔1〕鲁人：这里指鲁国执政的人。为长府：改修旧有的长府库。为，改修。府，藏货财的仓库。长府，鲁国的仓库名。

〔2〕仍旧贯：就用原来的仓库罢了。仍，因，照着。贯，事。

〔3〕夫人：这个人。

〔4〕瑟（sè 色）：古代一种拨弦的乐器，一般有二十五弦，每弦有一音柱。

〔5〕堂：正厅。室：内室。入门、升堂、入室，比喻做学问时所达到的几个阶段。

子贡问："师与商也孰贤[1]？"子曰："师也过，商也不及。"曰："然则师愈与[2]？"子曰："过犹不及[3]。"

季氏富于周公[4]，而求也为之聚敛而附益之[5]。子曰："非吾徒也，小子鸣鼓而攻之可也[6]！"

子贡问道："子张与子夏哪个更贤德一些？"孔子说："子张做的有点过分，子夏做的常有欠缺。"子贡说："那么是子张好一些了？"孔子说："过分与欠缺同样不好。"

季氏比周朝的王公还富有，而冉求还替他四处搜刮来增加他的财产。孔子说："冉求已经不是我的学生了，你们可以大张旗鼓地攻击他。"

◎ 原文注释

[1] 师：指颛孙师（字子张）。商：指卜商（字子夏）。孰：谁。

[2] 愈：胜过，略胜一筹。与：同"欤"，语气助词，表示疑问。

[3] 犹：似，如，如同。

[4] 周公：周天子左右的公卿，鲁国之君，本是周公旦的后代，故用此比喻。

[5] 敛：赋税。附益：增加。

[6] 攻：指责，攻击。

柴也愚[1]，参也鲁，师也辟[2]，由也喭[3]。

子曰："回也其庶乎[4]！屡空[5]。赐不受命，而货殖焉，亿则屡中。"

高柴性愚笨，曾参性迟钝，子张性偏激，子路性鲁莽。

孔子说："颜回的道德学问差不多了吧，可惜他生活常常那么贫困。子贡不做官，而去做生意发了财，他判断行情往往很准确。"

○ 品画鉴宝 仙人骑马神兽镜·东汉

◎ 原文注释

〔1〕愚：智慧不足而厚道有余。〔2〕辟：虚浮，偏颇。〔3〕喭(yàn 燕)：粗俗，粗鲁。〔4〕庶：庶几，差不多。含有称赞之意。这里指颜回学问、道德都好。〔5〕空（kōng 控）：贫穷。

子张问善人之道。子曰："不践迹，亦不入于室。"

子曰："论笃是与[1]，君子者乎？色庄者乎[2]？"

子张向孔子请教怎样才是善人。孔子说："善人不一定依照前贤的道路走，可他的学问道德也很难到家。"

孔子说："因为言论诚实便称赞他，谁知道他是真正的君子，还是只是外表庄重的人呢？"

◎ 原文注释

〔1〕笃：诚恳。与：赞许。

〔2〕色庄：神色庄重。这里指做出一副庄重的样子。

子路问："闻斯行诸？"子曰："有父兄在，如之何其闻斯行之？"冉有问："闻斯行诸？"子曰："闻斯行之。"公西华曰："由也问闻斯行诸，子曰'有父兄在'；求也问闻斯行诸，子曰'闻斯行之'。赤也惑，敢问。"子曰："求也退[1]，故进之；由也兼人[2]，故退之。"

子路问孔子："听到一种道理就去行动吗？"孔子说："有父亲兄长在，怎么能够听到了就马上去做呢？"冉有问孔子："听到一种道理就去行动吗？"孔子说："是的，听到了应该马上去做。"公西华说："子路问您听到一种道理就去做吗，您回答说'有父亲兄长在'；冉求问您听到一种道理就去做吗，可您回答说'听到便做'。两种回答使我很迷惑，大胆地问这是为什么。"孔子说："冉求办事畏怯退缩，所以鼓励他；子路胆大过人，我故意让他谦退。"

◎ 原文注释

[1] 退：退缩，保守。

[2] 兼人：胜人，胜过人，一人抵几个人。指其刚勇，敢作敢为。

○ 品画鉴宝　兽足熏炉·西汉

子畏于匡[1]，颜渊后[2]。子曰："吾以女为死矣[3]。"曰："子在，回何敢死？"

孔子被囚禁在匡地，颜渊最后才赶到。孔子说："我还以为你已经死了。"颜渊说："先生仍活着，我怎么敢轻易去死？"

◎ 原文注释

[1] 畏于：（被）围困在。

[2] 后：最后才来。

[3] 女：同"汝"。

季子然问[1]: "仲由、冉求可谓大臣
与[2]?" 子曰: "吾以子为异之问[3],
曾由与求之问。所谓大臣者,以道事君,
不可则止。今由与求也,可谓具臣矣[4]。"
曰: "然则从之者与?" 子曰: "弑父与
君[5],亦不从也。"

季子然问孔子道: "子路、冉求可
以称得上是大臣吗?" 孔子说: "我以
为您是问什么呢,原来是问子路和冉求
啊。所谓大臣,是能以道义事奉君主的
人,如果行不通就辞职不干。如今子路
和冉求,只可作为一般的臣子。" 季子然
接着问: "那么他们会顺从上司吗?" 孔
子说: "要谋杀父亲和君主的事,我想他
们是不会顺从的。"

◎ 原文注释

〔1〕季子然:鲁国大夫季孙氏的子弟。

〔2〕大臣:有德之臣。

〔3〕异:不寻常,大事。

〔4〕具臣:备位充数之臣。

〔5〕弑:杀。

218

子路使子羔为费宰[1]。子曰："贼夫人之子[2]。"子路曰："有民人焉，有社稷焉[3]，何必读书，然后为学？"子曰："是故恶夫佞者[4]。"

子路推荐子羔去当费县县长。孔子说："你这是在害人子弟。"子路说："那里也有人民，也有社稷可以学习的，为什么一定要读书，才算是学习呢？"孔子说："强辩！我一向最恨那些狡辩的人。"

◎ 原文注释

〔1〕使：推荐，举荐。费宰：费县县长。

〔2〕贼：伤害。夫：语助词，无实义。

〔3〕社稷（jì 记）：此处指祭祀土地神和谷神的地方。社，土地神。稷，谷神。

〔4〕恶（wū）：憎恶。佞者：花言巧语，狡辩的人。

子路、曾皙、冉有、公西华侍坐。子曰："以吾一日长乎尔，毋吾以也[1]。居则曰：'不吾知也！'如或知尔，则何以哉？"子路率尔而对曰："千乘之国，摄乎大国之间，加之以师旅，因之以饥馑，由也为之，比及三年，可使有勇，且知方也[2]。"夫子哂之。"求，尔何如？"对曰："方六七十，如五六十[3]，求也为之，比及三年，可使足民。如其礼乐，以俟君子。""赤，尔何如？"对曰："非曰能之，愿学焉。宗庙之事，如会同，端章甫[4]，愿为小相焉[5]。""点，尔何如？"鼓瑟希[6]，铿尔[7]，舍瑟而作。对曰："异乎三子者之撰[8]。"子曰："何伤乎？亦各言其志也。"曰："莫春者，春服既成，冠者五六人，童子六七人，浴乎沂，风乎舞雩，咏而归。"夫子喟然叹曰："吾与点也！"三子者出，曾皙后。曾皙曰："夫三子者之言何如？"子曰："亦各言其志也已矣。"曰："夫子何哂由也？"曰："为国以礼，其言不让，是故哂之。""唯求则非邦也与？""安见方六七十如五六十而非邦也者？""唯赤则非邦也与？""宗庙会同，非诸侯而何？赤也为之小，孰能为之大？"

　　子路、曾皙、冉有、公西华陪孔子坐着。孔子说："不要因为我比你们年纪大些，就因此拘束。你们平时说：'没有人了解我呀！'如果有人了解你们，准备任用，那么你们准备怎么做呢？"子路立刻回答说："一个有上千辆兵车的国家，又夹在大国的中间，受到邻国军队的威胁，加上国内又闹饥荒，让我来治理它，只要三年，就可以使人民勇敢善战，并且懂得道义。"孔子笑了一笑。问："冉求，你怎么样呢？"冉求回答说："方圆六七十里或五六十里的小国家，让我来治理，只要三年，就可以使人民富足。至于国家的礼乐制度，就要等待贤人君子来推行了。"孔子又问："公西赤，你怎么样呢？"公西赤回答说："我不敢说自己有什么能力，只是愿意学习而已。在祭祀祖庙或会盟诸侯的时候，我愿意穿着礼服、戴着礼帽，做一个小司仪。"孔子又问："曾点，你怎么样呢？"曾点弹瑟已近尾声，乐曲铿地一声结束了，他放下瑟站了起来，回答说："我的想法不同于三位同学。"孔子说："那有什么关系呢？不过是各人谈谈自己的志向而已。"曾皙说："暮春三月，穿上春装，我邀请五六个成年人，六七个少年人，在沂水河中洗澡，到舞雩台上吹吹风，然后唱着歌回家去。"孔夫子长声叹息说："我同意曾点的主张呀！"子路、冉有、公西华三人出去了，曾皙暂时留下。曾皙说："他们三位同学的话怎么样？"孔子说："也只不过是各人谈谈自己的志向而已。"曾皙说："您为什么取笑子路呢？"孔子说："治理国家要讲究礼让，他的话不够谦虚，所以取笑他。"曾皙说："难道冉求谈的不是治理国家吗？"孔子说："怎见得方圆六七十里或五六十里的地方就不是国家呢？"曾皙说："难道公西赤谈的不是治理国家了吗？"孔子说："有宗庙，能会盟诸侯，不是国家又是什么呢？他只做小司仪，那谁又能做大司仪？"

◎ 原文注释

〔1〕毋吾以也：不要因为我年长而受拘束，停止说话。毋，不要。以，同"已"，止。

〔2〕知方：明白道理。方，方向。

〔3〕如：或者。

〔4〕端：古代礼服的名称。章甫：古代礼帽的名称。

〔5〕相（xiāng 象）：赞礼人，即祭祀、会盟时当司仪的人。小相，这里是自谦的意思。

〔6〕鼓：弹。希：同"稀"，指弹瑟的节奏逐渐稀疏。

〔7〕铿（kēng 坑）尔：象声词，指弹瑟结束时最后的声音。

〔8〕撰：同"谟"。陈述的事，说的话。

　　颜渊问仁。子曰："克己复礼为仁[1]。一日克己复礼，天下归仁焉[2]。为仁由己，而由人乎哉？"颜渊曰："请问其目[3]。"子曰："非礼勿视，非礼勿听，非礼勿言，非礼勿动。"颜渊曰："回虽不敏，请事斯语矣。"

　　颜渊问什么是仁德。孔子说："克制自己的私欲，使自己的言行符合天道，这就是仁德。一旦做到克制私欲、符合天道，那么天下人都会称赞你的仁德。要想实践仁德，完全在于自己，难道还能依靠别人吗？"颜渊说："请问具体内容是哪些。"孔子说："不合礼的不看，不合礼的不听，不合礼的不说，不合礼的不做。"颜渊说："我虽然不聪敏，请让我照您的话去做吧。"

◎ 原文注释

〔1〕克己：克制私欲。复礼：符合天理。〔2〕归：与，称赞。仁：仁人。〔3〕目：细目，细节，具体要点。

○ 品画鉴宝 青釉多足砚·唐
此器制作精巧别致，气韵古朴
高雅，观此器可想见当时文人
不俗的意趣。

仲弓问仁。子曰："出门如见大宾[1]，使民如承大祭。己所不欲，勿施于人[2]。在邦无怨，在家无怨。"仲弓曰："雍虽不敏，请事斯语矣。"

仲弓问什么是仁德。孔子说："出外做事就像见贵宾一样，役使人民就像参加大祭祀一样。自己不喜欢的事物，也不强加给别人。在邦国做官没有怨恨，处于卿大夫之家也没有怨恨。"仲弓说："我虽然迟钝，请让我照您的话去做吧。"

◎ 原文注释
〔1〕大宾：贵宾。〔2〕施：强加。

司马牛问仁[1]。子曰："仁者其言也讱[2]。"曰："其言也讱，斯谓之仁已乎[3]？"子曰："为之难，言之得无讱乎？"

　　司马牛问什么是仁德。孔子说："仁德的人，讲话很慎重。"司马牛反问道："言谈谨慎，就可以叫作仁了吗？"孔子说："做起来既然很难，说起来能不谨慎吗？"

◎ 原文注释

[1] 司马牛：孔子的弟子。姓司马，名耕，一名犁，字子牛。宋国人。

[2] 讱(rèn 刃)：言语迟钝，说话不流畅。这里是说不会轻易说话。

[3] 斯：就。

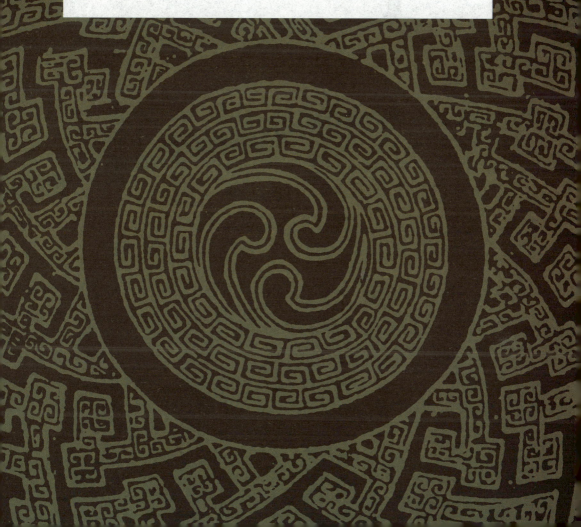

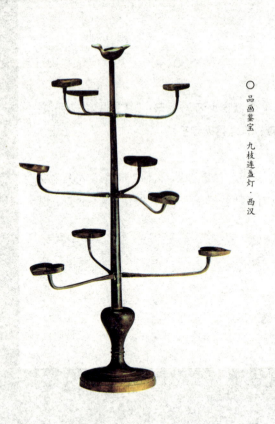

　　司马牛问君子。子曰："君子不忧不惧。"曰："不忧不惧，斯谓之君子已乎？"子曰："内省不疚 [1]，夫何忧何惧？"

　　司马牛问什么是君子。孔子说："君子不忧愁不畏惧。"司马牛说："不忧愁不畏惧，就可以称为君子了吗？"孔子说："自己问心无愧，那还忧愁和畏惧什么呢？"

◎ 原文注释

〔1〕省：检查，反省，检讨。疚（jiù就）：内心痛苦，悔恨，愧疚。

226

司马牛忧曰："人皆有兄弟，我独亡[1]。"子夏曰："商闻之矣：'死生有命，富贵在天'。君子敬而无失，与人恭而有礼，四海之内皆兄弟也。君子何患乎无兄弟也？"

司马牛忧愁地说："别人都有兄弟，唯独我没有。"子夏说："我曾听说：'死生命中注定，富贵由天安排。'君子办事谨慎认真而没有差错，对人谦恭而有礼貌，那么天下的人都是你的兄弟。君子何必忧愁没有兄弟呢？"

◎ 原文注释

[1] 亡：无。

○ 品画鉴宝 秋山万木图·清·高岑

○ 品画鉴宝 市井图·元

　　子张问明[1]。子曰："浸润之谮[2]，肤受之愬[3]，不行焉，可谓明也已矣。浸润之谮，肤受之愬，不行焉，可谓远也已矣[4]。"

　　子张问怎样才算明察。孔子说："像水那样慢慢在暗中传播的坏话，亲身受到的诽谤，在你那里行不通，这就可以叫作明察了。像水那样慢慢在暗中传播的坏话，亲身受到的诽谤，在你那里行不通了，这可以算是有远见了。"

◎ 原文注释

〔1〕明：明察，明智。

〔2〕浸润之谮 (zèn) 像水那样逐渐渗透的谗言，意思是说这种毁谤不是直接说出，而是日积月累慢慢地说出，使人不知不觉地接受。谮，诬诟，毁谤。

〔3〕肤受之愬(sù 素)：使人像皮肤受到伤害般刺激的诽谤。意思是说亲身受到的诽谤。愬，诬告。

〔4〕远：指看得深远，透彻。

子贡问政。子曰："足食，足兵，民信之矣。"子贡曰："必不得已而去，于斯三者何先？"曰："去兵[1]。"子贡曰："必不得已而去，于斯二者何先？"曰："去食。自古皆有死，民无信不立。"

子贡问怎样治理国家。孔子说："要有充足的粮食，充实的军备，人民的信任。"子贡又问："如果迫不得已要去掉一项，这三项(粮食、军备、民心)中应先去掉哪一项？"孔子说："去掉军备。"子贡又问："如果迫不得已还要去掉一项，在粮食和民心这二项中应去掉什么？"孔子说："去掉粮食。自古以来人都有一死，没有粮食不过是饿死罢了，但一个国家若失去人民的信任，就无法立足了。"

◎ 原文注释
〔1〕兵：兵器，武器。这里指武备。

229

　　棘子成曰[1]："君子质而已矣[2]，何以文为[3]？"子贡曰："惜乎，夫子之
说君子也[4]！驷不及舌[5]。文犹质也，质犹文也。虎豹之鞟犹犬羊之鞟[6]。"

　　棘子成说："君子只要质朴就行了，何必要讲究文采呢？"子贡说："可惜啊！
您这样来解释君子！一言既出，驷马难追。文采和本质同样重要。如果虎豹的皮
把花纹去掉，不就和狗羊的皮一样了吗？"

◎ 原文注释

〔1〕棘子成：姓棘，名子成，春秋时期鲁国大夫。

〔2〕质：质朴。

〔3〕文：文采。

〔4〕夫子：古代对大夫的一种尊称。这里指棘子成。

〔5〕驷（sì 四）不及舌：话一说出就难以收回。驷，驾四匹马的车。

〔6〕鞟（kuò 扩）：去掉了毛的兽皮，即革。

哀公问于有若曰[1]："年饥，用不足，如之何？"有若对曰："盍彻乎[2]？"曰："二[3]，吾犹不足，如之何其彻也？"对曰："百姓足，君孰与不足？百姓不足，君孰与足？"

鲁哀公向有若问道："年成歉收，国家财政开支不够，怎么办呢？"有若回答说："怎么不实行十分抽一的税法呢？"哀公说："十分抽二我还不够用，怎么可以减到十分抽一的税收呢？"有若回答说："如果百姓富足了，那您怎么会不富足呢？如果百姓不富足，那您怎么会富足呢？"

◎ 原文注释

〔1〕哀公：鲁国国君。有若：姓有，名若，字子有。被后人尊称为有子。

〔2〕盍：何不。彻：通"均"，相传为周代的一种税赋制度。大体上说，民众得十分之九，国君得十分之一。

〔3〕二：指从田亩收获中抽取十分之二的税。

○ 品画鉴宝
车马仪仗俑群·东汉

231

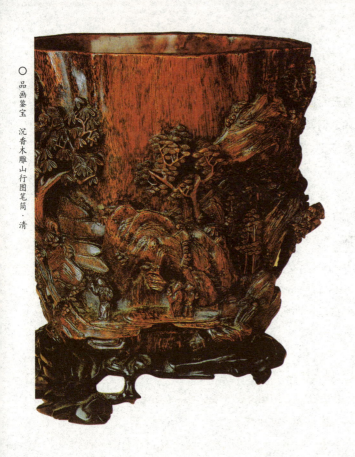

子张问崇德、辨惑[1]。子曰："主忠信，徙义[2]，崇德也。爱之欲其生，恶之欲其死；既欲其生，又欲其死，是惑也。'诚不以富，亦只以异。'"

子张问怎样提高品德和辨别迷惑。孔子说："以忠诚信实为主，唯义是从，这就可以提高品德。喜欢一个人就希望他长寿，厌恶一个人就希望他马上死去；既希望他长寿，又希望他死去，这就是迷惑了。《诗经》说：'这确实对自己毫无好处，只是使人奇怪罢了。'"

◎ 原文注释

[1] 崇德：提高德行。辨惑：辨别疑惑。

[2] 徙（xǐ 洗）义：向义迁移，靠拢，即按照义去做。徙，迁移。

○ 品画鉴宝 陶尊·西周

　　齐景公问政于孔子[1]。孔子对曰："君
君，臣臣，父父，子子。"公曰："善哉！信
如君不君，臣不臣，父不父，子不子，虽有
粟[2]，吾得而食诸？"

　　齐景公向孔子请教怎样治国。孔子回
答说："君主要像君主，臣子要像臣子，父
亲要像父亲，儿子要像儿子。"景公说："说
得好啊！如果君主不像君主，臣子不像臣
子，父亲不像父亲，儿子不像儿子，即使粮
食很多，我能吃得到吗？"

◎ 原文注释

[1] 齐景公：姓姜，名杵臼。春秋时齐国
　　国君。问：询问，处理。政：政事。

[2] 粟：这里泛指粮食。

233

○ 品画鉴宝　掐丝珐琅狮戏纹三足炉·明

子曰："片言可以折狱者[1]，其由也与！"子路无宿诺[2]。
子曰："听讼[3]，吾犹人也。必也使无讼乎！"

孔子说："根据一面之辞就可以对案件进行判决的人，大概
只有子路吧！"子路从不拖延履行诺言。

孔子说："审判案件，我和别人是一样的。一定要使诉讼的
事件消灭才好！"

◎ 原文注释

〔1〕片言：简单几句话。折狱：断案。

〔2〕宿诺：指未及时兑现的诺言。宿，停止，留住。诺，诺言。
本句是说子路急于践言，从不拖延。

〔3〕听讼：审理案件。讼，诉讼案件。

子张问政。子曰："居之无倦[1]，行之以忠[2]。"

子曰："博学于文，约之以礼，亦可以弗畔矣夫！"

子张问怎样治理国政。孔子说："在位尽职不要松弛倦怠，执行政令要忠心耿耿。"

孔子说："广泛地学习古代文献，用礼约束自己的行为，就可以不背离正道了。"

◎ 原文注释

〔1〕居：指身居高位。

〔2〕行：实行政令。忠：忠信。

○ 品画鉴宝　山水扇面·清·翁陵

子曰："君子成人之美[1]，不成人之恶。小人反是[2]。"

季康子问政于孔子。孔子对曰："政者，正也。子帅以正[3]，孰敢不正？"

孔子说："君子成全人家的好事，不促成别人的坏事。小人则与此相反。"

季康子问孔子怎样治理国政。孔子回答说："政就是端正的意思。你带头做到端正，谁敢不端正呢？"

季康子患盗，问于孔子。孔子对曰："苟子之不欲[1]，虽赏之不窃。"

季康子问政于孔子曰："如杀无道，以就有道[2]，何如？"孔子对曰："子为政，焉用杀？子欲善而民善矣。君子之德风，小人之德草。草上之风，必偃[3]。"

季康子苦于盗贼太多，问孔子怎么办。孔子回答说："假如你自己不贪图太多的财物，即使奖励偷窃也不会有人去偷。"

季康子向孔子请教怎样治理国政时说："如果杀掉无道德的坏人，亲近有道德的好人，怎么样？"孔子回答说："你治理国政，怎么要用杀的办法呢？你想要向善，人民就会跟着向善。君子的品德好比风，小人的品德好比草。风吹到草上，草就会顺风而倒。"

○ 品画鉴宝 斗茶图·宋 斗茶，又称『茗战』，是宋代上至宫廷，下至民间，普遍盛行的一种评比茶质优劣的技艺和习俗。图中人物或饮茶，或倒茶，或烹茶，栩栩如生，生动传神。

子张问："士何如斯可谓之达矣[1]？"子曰："何哉，尔所谓达者？"子张对曰："在邦必闻[2]，在家必闻。"子曰："是闻也，非达也。夫达也者，质直而好义，察言而观色，虑以下人[3]。在邦必达，在家必达。夫闻也者，色取仁而行违，居之不疑[4]。在邦必闻，在家必闻。"

　　子张问道："读书人怎样才可以叫作通达呢？"孔子说："你所说的通达是指什么呢？"子张回答说："在诸侯国里一定有名声，在卿大夫之家也一定有名声。"孔子说："那是名声呀，不是通达。所谓通达，是指品德正直而且遇事讲理，善于分析别人的言论和观察别人的表情，想到的是谦恭待人。这种人在诸侯国里一定通达，在卿大夫之家也一定通达。至于那些有名声的人，表面主张仁德而实际上却违背仁德，以仁人自居而不感到羞愧。这种人在诸侯国里一定会骗取名声，在卿大夫之家也一定会骗取名声。"

◎ 原文注释

[1] 达：通达，道德高尚，为人所信，待人处世，圆融无碍。

[2] 闻：有名望的，名声。

[3] 下人：对人谦恭有礼。

[4] 居之不疑：以仁人自居而不感到羞愧。

樊迟从游于舞雩之下，曰："敢问崇德、修慝[1]、辨惑。"子曰："善哉问！先事后得，非崇德与？攻其恶，无攻人之恶，非修慝与？一朝之忿[2]，忘其身以及其亲[3]，非惑与？"

樊迟跟随孔子在舞雩台下游玩，问道："请问怎样提高品德、消除别人的怨恨、明辨是非糊涂呢？"孔子说："问得好！先努力做事然后才有收获，不就是提高了品德吗？批评自己的错误，不苛责他人的过失，不就消除了无形的怨恨吗？由于一时的气愤，忘记了自身的安危，甚至于连累了自己的亲人，这不就是糊涂吗？"

◎ 原文注释

[1] 修慝（tè 忒）：整治消除别人的怨恨。修，整治，治好。慝，隐藏在心里的邪念。[2] 忿（fèn 奋）：忿怒，气愤。[3] 亲：父母。

樊迟问仁。子曰:"爱人。"问知。子曰:"知人。"樊迟未达[1]。子曰:"举直错诸枉,能使枉者直。"樊迟退,见子夏曰:"乡也吾见于夫子而问知[2],子曰:'举直错诸枉,能使枉者直',何谓也?"子夏曰:"富哉言乎!舜有天下,选于众,举皋陶,不仁者远矣[3]。汤有天下[4],选于众,举伊尹[5],不仁者远矣。"

樊迟问什么是仁。孔子说:"能爱他人。"又问什么是智。孔子说:"能识别他人。"樊迟还没有理解。孔子说:"选拔正直的人放在邪恶的人之上,可以使邪恶的人变正直。"樊迟走出去,见到子夏说:"刚才我见到老师,问什么是智,他说:'选拔正直的人放在邪恶的人之上,可以使邪恶的人变正直。'这句话是什么意思?"子夏说:"这句话的含义多么丰富啊!舜治理天下时,在众人中选拔人才,把皋陶选拔出来,于是不正直的人也就难以存在了。汤治理天下时,在众人中选拔人才,把伊尹选拔出来,于是不正直的人也就难以存在了。"

◎ 原文注释

〔1〕达:懂得,理解。

〔2〕乡(xiàng向):同"向",过去,方才。

〔3〕远:离开。

〔4〕汤:商代开国君主,灭夏桀而得天下。

〔5〕伊尹:商初大臣。名伊,尹是官名。一说名挚。辅佐成汤攻灭夏桀。

子贡问友。子曰："忠告而善道之[1]，不可则止，毋自辱焉[2]。"

曾子曰："君子以文会友，以友辅仁[3]。"

子贡问怎样对待朋友。孔子说："忠心地劝告并且善意地开导他，不听就算了，不要自找羞辱。"

曾子说："君子用文章学问来结交朋友，用朋友来帮助自己修养仁德。"

◎ 原文注释

〔1〕道：同"导"，开导，引导。

〔2〕毋：勿，不要。

〔3〕辅：帮助，辅助。

○ 品画鉴宝 掐丝珐琅缠枝莲纹三足炉·元

第十三篇　子路

子路问政。子曰："先之[1]，劳之[2]。"请益[3]，曰："无倦[4]。"

子路问怎样治理国政。孔子说："先给百姓带好头，然后让他们勤勉地工作。"子路请求再讲一点，孔子说："办事不要倦怠。"

◎ 原文注释

[1] 先之：先给百姓带好头。之，指百姓。

[2] 劳之：使百姓勤勉地工作。

[3] 益：增加，多。

[4] 倦：懒惰，倦怠。

　　仲弓为季氏宰^[1]，问政。子曰："先有司，赦小过，举贤才。"曰："焉知贤才而举之？"子曰："举尔所知。尔所不知，人其舍诸^[2]？"

　　仲弓做了季氏的总管，向孔子请教政事。孔子说："先为那些办事人员带头，赦免他们的小过失，选拔优秀的人才。"仲弓说："怎么知道谁是优秀的人才而提拔他呢？"孔子说："提拔你所知道的。那些你不知道的，人家难道不推荐他吗？"

◎ 原文注释

〔1〕宰：家臣，总管。

〔2〕舍：舍弃，放弃。这里指不推举。

○ 品画鉴宝　秋山图·清·邹喆

○ 品画鉴宝　蔡侯朱缶·春秋

　　子路曰："卫君待子而为政[1]，子将奚先[2]？"子曰："必也正名乎！"子路曰："有是哉，子之迂也[3]！奚其正？"子曰："野哉，由也！君子于其所不知，盖阙如也[4]。名不正，则言不顺；言不顺，则事不成；事不成，则礼乐不兴；礼乐不兴，则刑罚不中；刑罚不中，则民无所措手足。故君子名之必可言也，言之必可行也。君子于其言，无所苟而已矣[5]。"

　　子路对孔子说："卫国国君等待您去帮助治理政事，您准备首先干什么呢？"孔子说："一定是端正名分呀！"子路说："有这样做的吗，您太迂腐了吧！又何必要端正名分呢？"孔子说："真粗野呀，子路！君子对于自己所不知道的事，一般采取存疑的态度。要知道名分不端正讲话就不能顺理成章，说话不顺理成章事情就办不好，事情办不好礼乐制度就不能兴起，礼乐制度不兴起刑罚就不会得当，刑罚不得当人民就会感到无所适从。所以君子确定一个名分时，就一定可以说出道理来，说出道理才一定可以行得通。君子对于自己所说的话，是不能够随随便便的呀。"

◎ 原文注释

〔1〕卫君：指卫出公蒯辄。〔2〕奚：疑问词，何，什么。〔3〕迂：迂腐，不合时宜。〔4〕阙：空着，存疑。〔5〕苟：苟且，随便。

樊迟请学稼[1]。子曰："吾不如老农。"请学为圃[2]。曰："吾不如老圃。"樊迟出，子曰："小人哉，樊须也！上好礼，则民莫敢不敬；上好义，则民莫敢不服；上好信，则民莫敢不用情。夫如是，则四方之民襁负其子而至矣[3]，焉用稼？"

樊迟向孔子请教学种庄稼。孔子说："我不如老农民。"又请教学种菜。孔子说："我不如老菜农。"樊迟退出后，孔子说："樊迟真是个小人呀！国君讲求礼仪，那么人民没有敢不尊敬的；国君讲求道义，那么人民没有敢不服从的；国君讲求信用，那么人民没有敢不真诚的。如果做到这些，四面八方的人民都会背负着自己的小孩来投奔，哪还要自己去耕田种菜呢？"

◎ 原文注释

[1] 学稼：学种庄稼。[2] 圃：种蔬菜叫圃。[3] 襁（qiǎng 抢）：背小孩的背带、布兜。

子曰："诵《诗》三百^[1]，授之以政^[2]，不达^[3]；使于四方^[4]，不能专对^[5]；虽多，亦奚以为？"

子曰："其身正，不令而行；其身不正，虽令不从。"

孔子说："熟读《诗经》三百篇，交给他政事，却办不成；派他出使到外国，又不能独立进行谈判应酬；这样，虽然书读得很多，又有什么用处呢？"

孔子说："在上位的人本身行为端正，不发布命令人民也会照样去做；他本身行为不端正，即使下达严令也不会有人服从。"

◎ 原文注释

〔1〕诵：熟读。《诗》，《诗经》。

〔2〕授：交付，交给。

〔3〕达：通达事理。

〔4〕使：出使。

〔5〕专对：指在外交场合能够根据具体情况独立对答。专，独。对，对答。

○ 品画鉴宝　圆形镶嵌云纹扣饰·西汉

子曰:"鲁、卫之政[1],兄弟也。"

子谓卫公子荆[2]:"善居室[3]。始有,曰:'苟合矣[4]。'少有,曰:'苟完矣。'富有,曰:'苟美矣。'"

孔子说:"鲁国和卫国的政事如同兄弟一样的接近。"

孔子评论卫国的公子荆,说道:"他善于管理家业。当他开始有一点财产时,他就说:'差不多够了。'等稍微增加了一点,就说:'差不多完备了。'当他富有时,就说:'差不多十全十美了'。"

◎ 原文注释

〔1〕鲁、卫之政:鲁国是周公的封地,卫国是周公的弟弟康叔的封地。鲁、卫本兄弟之国,后来衰乱又相似,孔子遂有这样的感叹。

〔2〕公子荆:卫国的大夫,是卫献公的儿子,故称公子荆。

〔3〕善居室:善于料理居家之事。

〔4〕合:足。

○ 品画鉴宝　山水图·清·叶欣

子适卫^{〔1〕}，冉有仆^{〔2〕}。子曰："庶矣哉^{〔3〕}！"冉有曰："既庶矣，又何加焉^{〔4〕}？"曰："富之。"曰："既富矣，又何加焉？"曰："教之。"

子曰："苟有用我者^{〔5〕}，期月而已可也^{〔6〕}，三年有成。"

孔子到卫国去，冉有给他驾车，孔子说："卫国人口真多啊！"冉有说："人口这么多应该怎么办呢？"孔子说："让他们富裕起来。"冉有说："已经富裕了，又应该怎么办呢？"孔子说："教育他们。"

孔子说："如果有人用我治理国家，一年的时间就可以了，三年可以有显著成效。"

◎ 原文注释

〔1〕适：往，到。

〔2〕仆：驾车的人。

〔3〕庶：众多。这里指人口众多。

〔4〕何加：即"加何"，增加什么，进一步干什么。

〔5〕苟：假使，如果。

〔6〕期（jī 基）月：一整年。

子曰："'善人为政百年[1]，亦可以胜残去杀矣[2]。'诚哉是言也！"

子曰："如有王者[3]，必世而后仁[4]。"

孔子说："古话说：'善人连续治理国家一百年，也可以战胜残暴、免去杀戮了。'这句话说得真对呀！"

孔子说："如果有圣明君主出现，一定要三十年后才能让仁政兴盛起来。"

◎ 原文注释

[1] 为政：治理国家。

[2] 胜残去（qù曲）杀：战胜残暴，免去杀戮。胜残，教化残暴的人，使其不再作恶。去杀：化民于善，可以不再用刑杀。

[3] 王者：能治国安邦，以德行仁的贤明君王。

[4] 世：一世是三十年。

子曰：“苟正其身矣，于从政乎何有？不能正其身，如正人何？”

冉子退朝，子曰：“何晏也[1]？”对曰：“有政。”子曰：“其事也。如有政，虽不吾以[2]，吾其与闻之。”

孔子说：“如果国君能端正自己，治理国政还会有什么困难？如果不能端正自己本身，又怎么能端正别人呢？”

冉有退朝回来，孔子问：“怎么回来得这么晚？”冉有答道：“有些政务。”孔子说：“只是一般事务吧。如果有国家大事，虽然没让我参加，我也会知道的。”

◎ 原文注释

[1] 晏：晚，迟。

[2] 以：用，参加。

○ 品画鉴宝　兽面纹琮·良渚文化

此玉琮为青白玉，深褐色斑。外方内圆，上口径略大于下口径，上下两节两组简化兽面纹。该纹样玉琮在良渚文化遗址之处出土。

○ 品画鉴宝　三彩马和牵马俑·唐　马剪鬃缚尾，口角悬镳，背具桥鞍。牵马俑头戴毡帽，双手握拳，作执缰牵马状。

　　定公问[1]："一言而可以兴邦，有诸？"孔子对曰："言不可以若是其几也[2]。人之言曰：'为君难，为臣不易。'如知为君之难也，不几乎一言而兴邦乎？"曰："一言而丧邦，有诸？"孔子对曰："言不可以若是其几也。人之言曰：'予无乐乎为君，唯其言而莫予违也。'如其善而莫之违也，不亦善乎？如不善而莫之违也，不几乎一言而丧邦乎？"

　　鲁定公问道："一句话就可以使得国家兴盛，有这样的事吗？"孔子回答说："话不可以这样简单地说。有人说：'当国君很难，做臣子也不容易。'如果懂得当国君的艰难，不就是接近于一句话可以使国家兴盛吗？"定公又问："一句话就可以使国家灭亡，有这样的事吗？"孔子回答说："话不可以这样简单地说。有人说：'我当国君没有什么别的高兴的，唯一高兴的是我讲话没有人敢违抗。'如果他的话正确而没有人违抗，那不也是很好吗？如果不正确也没有人敢违抗，那不是接近于一句话可以丧失国家吗？"

◎ 原文注释

〔1〕定公：指鲁定公。

〔2〕几：机械、简单。

　　叶公问政[1]。子曰："近者说[2]，远者来。"
　　子夏为莒父宰[3]，问政。子曰："无欲速[4]，无见小利。欲速，则不达，见小利则大事不成。"

　　叶公请教怎样治国。孔子说："使你境内的人民快乐，使境外的人民前来投奔。"
　　子夏做了莒父的县长，他请教怎样治理政事。孔子说："不要图快，不要贪求小利。图快反而不能达到目的，求小利就办不成大事。"

◎ 原文注释

〔1〕叶公：姓沈，名诸梁，楚国大夫。

〔2〕说：同"悦"。

〔3〕莒父：鲁国城邑名，在今山东莒县境内。

〔4〕欲速：此处指一味求快。欲，想要。速，快捷。

叶公语孔子曰："吾党有直躬者[1]，其父攘羊而子证之[2]。"孔子曰："吾党之直者异于是：父为子隐[3]，子为父隐，直在其中矣。"

樊迟问仁。子曰："居处恭，执事敬，与人忠。虽之夷狄[4]，不可弃也。"

叶公告诉孔子说："我家乡有个正直坦白的人，他父亲偷了羊，他便去告发。"孔子说："我家乡的正直坦白的人和你们那里不同：父亲替儿子隐瞒，儿子替父亲隐瞒，正直坦白是表现在这里面的。"

樊迟问什么是仁德。孔子说："在家闲居态度恭谨，处理事情严肃认真，对待他人忠诚老实。即使到了夷狄之邦，这三个原则也是不可以抛弃的。"

◎ 原文注释

[1] 直躬者：直率行事的人。

[2] 攘（rǎng 壤）偷。证：检举，告发。

[3] 隐：隐瞒，隐讳。

[4] 之：往，到。

○ 品画鉴宝　五彩龙纹笔管、笔盒·明

子贡问曰："何如斯可谓之士矣？"子曰："行己有耻，使于四方不辱君命，可谓士矣。"曰："敢问其次？"曰："宗族称孝焉，乡党称弟焉。"曰："敢问其次？"曰："言必信，行必果[1]，硁硁然小人哉[2]！抑亦可以为次矣。"曰："今之从政者何如？"子曰："噫！斗筲之人[3]，何足算也！"

子贡问道："怎样才可以称得上是士呢？"孔子说："对自己的行为保持羞耻之心，出使外国不会辱没君主的使命，这就可以叫作士了。"子贡说："再请教次一等的呢？"孔子说："宗族中称赞他孝顺父母，乡里人称赞他恭敬兄长。"子贡说："再请教第三等的呢？"孔子说："说话一定守信，办事一定有结果，这不过是浅薄固执己见的小人罢了，或许也还可以算是第三等的士了。"子贡说："现在的那些执政者怎么样？"孔子说："唉！这些器量狭小的人，算得了什么呢！"

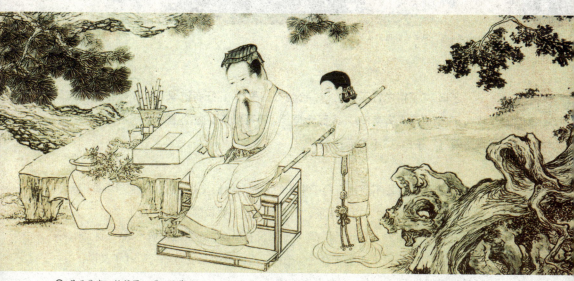

○ 品画鉴宝 铁笛图·明·吴伟

◎ 原文注释

[1] 果：坚决，果断。

[2] 硁硁(kēng 坑)：气量狭小而固执的样子。硁，小而坚硬的石头。

[3] 斗筲(shāo 梢)之人：形容人的见识短浅，器量狭小。斗，量名。筲，竹器。斗、筲都是容量小的器具。

255

○ 品画鉴宝　驭车出行图·东汉

　　子曰："不得中行而与之〔1〕，必也狂狷乎〔2〕！狂者进取，狷者有所不为也。"

　　子曰："南人有言曰：'人而无恒〔3〕，不可以作巫医。'善夫！'不恒其德，或承之羞'。"子曰："不占而已矣〔4〕。"

　　孔子说："我找不到言行合乎中庸的人而与他们交往，必然只能与激进、耿介的人交往了！激进的人锐意向前，耿介的人是不肯做坏事的。"

　　孔子说："南方人有句话说：'人如果没有恒心，连巫医都做不成。'这话太好了！《易经》说：'不能坚守自己的德操，有时就要承受羞辱'。"孔子又说："这话是告诉那些无恒心的人不要去占卦了。"

◎ 原文注释

〔1〕中行：言行合于中庸之道的人。与：相与，交往，来往。

〔2〕狂：志向高远，但是行为不太检点，不修边幅等等。狷（juàn 绢）：洁身自好，安分守己，不会锐意进取、标新立异。

〔3〕恒：指恒心。

〔4〕占：占卜，算卦。

子曰："君子和而不同，小人同而不和。"

子贡问曰："乡人皆好之[1]，何如？"子曰："未可也。""乡人皆恶之[2]，何如？"子曰："未可也。不如乡人之善者好之，其不善者恶之。"

孔子说："君子通过表达不同的意见来达到和谐相处，但不盲目附和，小人盲目附和，假装和谐相处而不敢表达自己的意见。"

子贡问道："全乡的人都喜欢他，这人怎么样？"孔子说："这还不行。"子贡说，"全乡的人都厌恶他，这人怎么样？"孔子说："这也不行。最好是全乡的好人都喜欢他，全乡的坏人都厌恶他。"

◎ 原文注释

[1] 好：喜爱，称道，赞扬。

[2] 恶：憎恨，讨厌。

○ 品画鉴宝　吹箫俑·东汉

俑为泥质灰陶，头、身分部模制，套合成型。头戴平帻帽，身穿交襟长袍，跪坐，手握箫，面带笑容，正欲鼓腮而吹。整幅作品使人观其形若闻其声，真可谓栩栩如生。

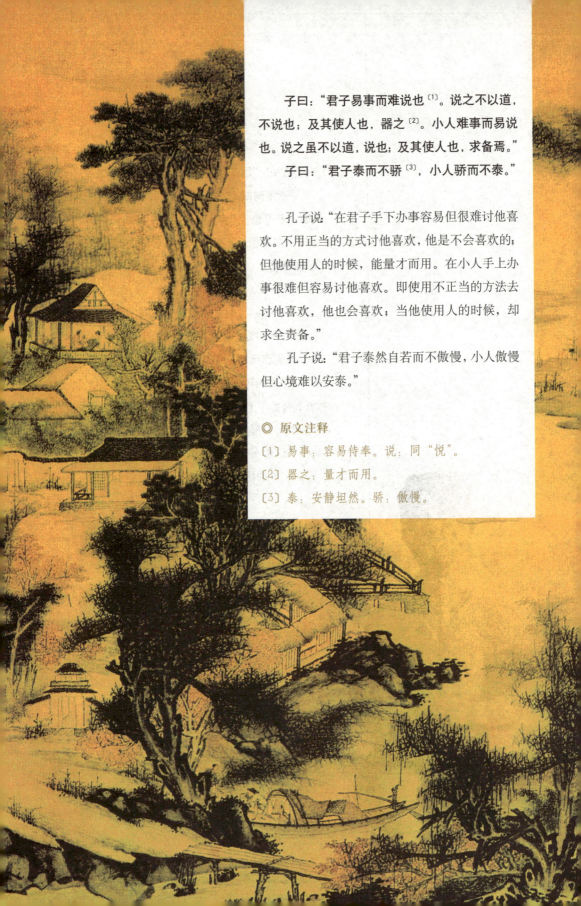

子曰："君子易事而难说也〔1〕。说之不以道，不说也；及其使人也，器之〔2〕。小人难事而易说也。说之虽不以道，说也；及其使人也，求备焉。"

子曰："君子泰而不骄〔3〕，小人骄而不泰。"

孔子说："在君子手下办事容易但很难讨他喜欢。不用正当的方式讨他喜欢，他是不会喜欢的；但他使用人的时候，能量才而用。在小人手上办事很难但容易讨他喜欢。即使用不正当的方法去讨他喜欢，他也会喜欢；当他使用人的时候，却求全责备。"

孔子说："君子泰然自若而不傲慢，小人傲慢但心境难以安泰。"

◎ 原文注释

〔1〕易事：容易侍奉。说：同"悦"。

〔2〕器之：量才而用。

〔3〕泰：安静坦然。骄：傲慢。

〇品画鉴宝　柘溪草堂图·清·吴宏

子曰："刚、毅、木[1]、讷，近仁。"

子路问曰："何如斯可谓之士矣？"子曰："切切偲偲[2]，怡怡如也[3]，可谓士矣。朋友切切偲偲，兄弟怡怡。"

孔子说："刚强、果断、质朴、出口谨慎的人，接近于仁德。"

子路问道："怎样才可以称作士呢？"孔子说："办事相互勉励，平时相处和睦，这样的人可以称作士。朋友之间要相互勉励，兄弟之间要相处和睦。"

◎ **原文注释**

〔1〕木：质朴，朴实，憨厚老实。

〔2〕切切偲偲（sī 思）：恳切地责勉、告诫，善意地互相批评；相互切磋，相互督促，和睦相处。

〔3〕怡怡：和睦。

子曰:"善人教民七年[1],亦可以即戎矣[2]。"

子曰:"以不教民战[3],是谓弃之。"

孔子说:"有作为的领导人教导人民七年,也可以让他们去参与战事了。"

孔子说:"用没有经过训练的人民去打仗,这是毁弃他们。"

◎ 原文注释

[1] 善人:好的有作为的领导人。

[2] 即:就,这里指参与,靠近。戎(róng荣):兵事,战事。

[3] 不教民:即"不教之民"。没有经过军事教育训练的人。

○ 品画鉴宝 人物屋宇·西汉

第十四篇 宪问

宪问耻[1]。子曰："邦有道，谷[2]；邦无道，谷，耻也。""克[3]、伐[4]、怨、欲不行焉，可以为仁矣？"子曰："可以为难矣，仁则吾不知也。"

子曰："士而怀居[5]，不足以为士矣。"

原宪问什么是耻辱。孔子说："国家政治清明，做官领薪；国家政治昏暗，还是做官领薪，这就是耻辱。"原宪问："好胜、自夸、怨恨、贪婪这些毛病都没有显现过的人，可以算是仁人吗？"孔子说："可以算是难得了，是不是仁人那我就不知道了。"

孔子说："读书人如果留恋安逸的生活，就不足以称为读书人了。"

○ 品画鉴宝 青玉谷纹璧·汉

◎ 原文注释

[1] 宪：即原思，属于孔子所说的"狷者"类型的人物。

[2] 谷：谷米。指当官拿俸禄。

[3] 克：好胜。

[4] 伐：自夸。

[5] 怀：留恋。居：家居，家庭。

子曰："邦有道，危言危行[1]；邦无道，危行言孙。[2]"

子曰："有德者必有言，有言者不必有德。仁者必有勇，勇者不必有仁。"

孔子说："国家政治清明，说话和行动都要正直；国家政治昏暗，行为正直但说话要谨慎。"

孔子说："有道德的人一定有善言，有善言的人不一定有道德。仁德的人一定勇敢，勇敢的人不一定有仁德。"

◎ 原文注释

[1] 危言：直言。危行：正直的行为。危，端正。

[2] 孙：同"逊"，恭顺的意思。

○ 品画鉴宝　龙凤冠人形玉佩·商　玉佩为人形，头戴龙凤冠，右边龙
头下曲与面部相齐，左边凤曲颈仰首，龙身下曲与右臂相连。面部五官由
阴线刻出，细颈，身着束腰连衣裙，两袖下垂、袖口上卷。头顶钻一圆孔，
以便佩带。

　　**南宫适问于孔子曰："羿善射[1]，奡荡舟[2]，俱不得其死然。禹、稷躬稼而有
天下。"夫子不答。南宫适出，子曰："君子哉若人！尚德哉若人！"**

　　子曰："君子而不仁者有矣夫，未有小人而仁者也。"

　　南宫适问孔子道："羿善于射箭，奡长于水战，但都没有得到好结果。禹和稷
亲自种庄稼却得到了天下，是这样的吗？"孔夫子没有回答。南宫适出去后，孔
子说："这个人真是君子啊！这个人真是崇尚道德啊！"

　　孔子说："君子中间会有不仁德的人，但小人中间却不会有仁德的人。"

◎ 原文注释

〔1〕羿，有穷国国君，善射，灭夏后继而篡其位，又为其臣寒浞所杀。善：同擅，
　　擅长。

〔2〕奡（ào 奥），人名，或作"浇"，寒浞之子，力大无穷，可以陆地行舟，为夏的
　　后代少康所杀。荡：摇动。

子曰:"爱之,能勿劳乎? 忠焉,能勿诲乎? "

子曰:"为命[1],裨谌草创之[2],世叔讨论之[3],行人子羽修饰之[4],东里子产润色之[5]。"

孔子说:"喜爱他,能够不让他劳作吗? 忠于他,能够不教诲他吗? "

孔子说:"郑国制定法令,先由裨谌起草初稿,再由世叔提出意见,然后由外交官子羽进行修饰,最后由东里的子产加工润色。"

◎ 原文注释

[1] 命:法令。

[2] 裨谌:郑国大夫。

[3] 世叔:名游吉,郑国大夫。子产死后,继任郑国宰相。讨论:研究讲议。和今天"讨论"一词意义不同。

[4] 行人:外交官。子羽:郑国大夫公孙挥的字。

[5] 东里:郑国邑名,在今河南郑州市,子产所居。

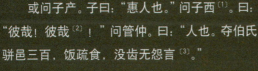

或问子产。子曰："惠人也。"问子西[1]。曰："彼哉！彼哉[2]！"问管仲。曰："人也。夺伯氏骈邑三百，饭疏食，没齿无怨言[3]。"

子曰："贫而无怨难，富而无骄易。"

有人询问子产的为人，孔子说："他是给人恩惠的人。"又询问子西的为人。孔子说："他呀！他呀！"又询问管仲的为人，孔子说："是个人才呀。他剥夺伯氏在骈邑三百户的米地，使得伯氏吃粗粮，可是伯氏至死都没有怨言。"

孔子说："贫困而没有怨言很难做到，富贵而不骄傲比较容易做到。"

◎ 原文注释

〔1〕子西：大夫，子产同宗兄弟。或谓楚公子申，见《朱子集注》。

〔2〕彼哉：古代表示轻视的词。意思是说不值得称道。

〔3〕没齿：没齿之年，即终身。齿，年。

○ 品画鉴宝 犀角雕螭纹舟杯·明

265

子曰："孟公绰为赵、魏老则优[1]，不可以为滕、薛大夫[2]。"

孔子说："孟公绰做赵氏、魏氏的家臣，才力有余，却不能胜任滕国、薛国的大夫。"

◎ 原文注释

[1] 孟公绰：鲁国大夫。老：古代对大夫家臣之长的尊称。优：有余。

[2] 滕、薛：两个小诸侯国，故址均在今山东滕州西南。

子路问成人[1]。子曰："若臧武仲之知[2]，公绰之不欲[3]，卞庄子之勇[4]，冉求之艺，文之以礼乐，亦可以为成人矣。"曰："今之成人者何必然？见利思义，见危授命，久要不忘平生之言[5]，亦可以为成人矣。"

　　子路问什么是完美的人。孔子说："像臧武仲那样聪明，孟公绰那样不贪图财利，卞庄子那样勇敢，冉求那样多才多艺，再加上礼乐的熏陶，也就可以成为完美的人了。"他又说："现在做个完美的人倒不一定要这样，只要看见财利能想到取之是否合乎道义，遇到危难肯付出生命，长期处在穷困中却不忘记平时的诺言，这也就可以称为完美的人了。"

◎ **原文注释**

〔1〕成人：德才兼备的完人。

〔2〕臧武仲：即臧孙纥，鲁国大夫。知：智慧。

〔3〕公绰：指孟公绰。

〔4〕卞庄子：鲁国勇士。

〔5〕要（yāo 腰）：通"约"，这里作"穷困"解。

　○ 品画鉴宝　牺背立人擎盘·战国　盘镂空，下承圆形立柱，插入环和牺背孔内，牺背立小铜人。

子问公叔文子于公明贾曰[1]:"信乎？夫子不言[2]，不笑，不取乎？"公明贾对曰:"以告者过也[3]。夫子时然后言，人不厌其言；乐然后笑，人不厌其笑；义然后取，人不厌其取。"子曰:"其然？岂其然乎？"

孔子向公明贾了解公叔文子，说:"他老人家不说话，不发笑，不取财物，这是真的吗？"公明贾回答说:"告诉你的人讲得过分了。他老人家该说时就说，所以别人不讨厌他说话；高兴时就笑，所以别人也不会讨厌他笑；该获取的财就取，所以别人不讨厌他取财。"孔子说:"是这样吗？难道真是这样呀？"

◎ 原文注释

〔1〕公叔文子：名枝，卫国大夫。公明贾：姓公明，名贾，卫国人。

〔2〕夫子：此处指公叔文子。

〔3〕以：这里当"这个"讲。过：说得过分，传话传错了。

○ 品画鉴宝 夔龙纹双耳亭式炉·清

子曰："臧武仲以防求为后于鲁 [1]，虽曰不要君 [2]，吾不信也。"

子曰："晋文公谲而不正 [3]，齐桓公正而不谲 [4]。"

孔子说："臧武仲凭借他的采邑防城的险要，请求立自己的儿子为鲁国大夫，虽然他说不是要挟国君，我是不会相信的。"

孔子说："晋文公为人诡诈，作风不正派，齐桓公作风正派而不诡诈。"

◎ 原文注释

[1] 防：地名,臧武仲的封地,在今山东费县东北,靠近齐国的边境。

[2] 要（yāo 腰）：胁迫,要挟。

[3] 晋文公：春秋五霸之一。谲：诡诈,玩弄权术,耍阴谋手段。

[4] 齐桓公：名小白,春秋五霸之一。

子路曰："桓公杀公子纠[1]，召忽死之[2]，管仲不死。"曰："未仁乎？"子曰："桓公九合诸侯，不以兵车[3]，管仲之力也！如其仁[4]！如其仁！"

子路说："齐桓公杀了公子纠，公子纠的老师召忽自杀，他的另一位老师管仲却没有殉死。"子路问："管仲是没有仁德吧？"孔子说："齐桓公多次召集天下诸侯会盟，使诸侯之间不再使用武力，这都是管仲的力量呀！这就是他的仁德！这就是他的仁德！"

◎ 原文注释

〔1〕公子纠：齐桓公小白的兄弟。

〔2〕召忽：公子纠的家臣、师父。

〔3〕不以：不用。兵车：战车。这里指武力。

〔4〕如：乃，这就是。

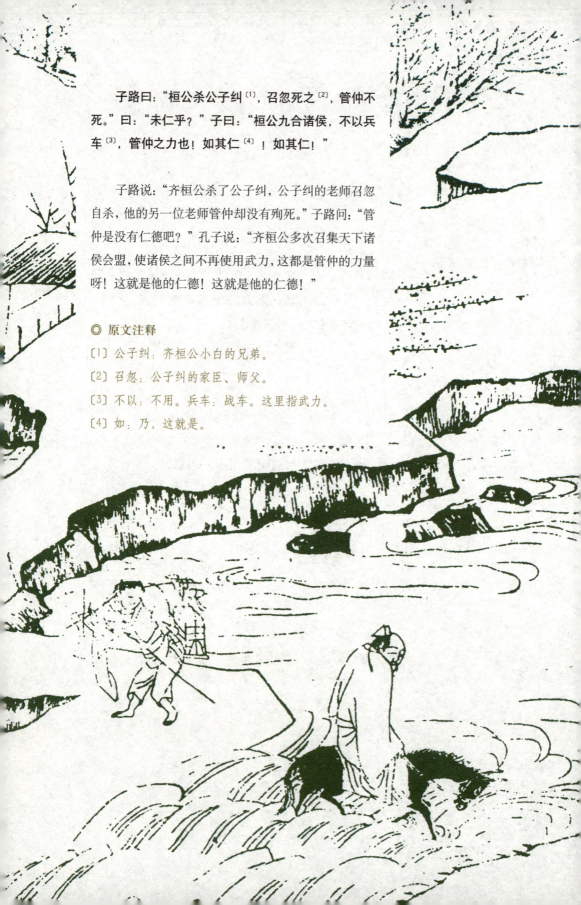

子贡曰："管仲非仁者与？桓公杀公子纠，不能死，又相之。"子曰："管仲相桓公，霸诸侯，一匡天下，民到于今受其赐。微管仲[1]，吾其被发左衽矣[2]。岂若匹夫匹妇之为谅也[3]，自经于沟渎而莫之知也[4]？"

子贡说："管仲算不得仁德的人吧？齐桓公杀了公子纠，他不但不殉节，反而做了齐桓公的宰相。"孔子说："管仲辅助齐桓公，称霸诸侯，匡正天下，人民至今还受到他的好处。如果没有管仲，我们恐怕还要披头散发、穿着左边开襟的衣服。难道要他也像普通男女那样拘泥于小节，在深山沟里自缢死去而没有人知道吗？"

◎ 原文注释

[1] 微：没有。

[2] 被发左衽（rèn 任）：是当时少数民族的打扮。当时统治阶级视少数民族为没有开化的野蛮人。被，同"披"。左衽，衣襟向左开。

[3] 谅：诚实守信，这里指小信。

[4] 自经于沟渎（dú 读）：自缢在小沟渠中。自经：自缢，上吊。自杀。

271

公叔文子之臣大夫僎与文子同升诸公[1]。子闻之[2]，曰："可以为'文'矣。"

子言卫灵公之无道也。康子曰："夫如是[3]，奚而不丧[4]？"孔子曰："仲叔圉治宾客[5]，祝鮀治宗庙[6]，王孙贾治军旅。夫如是，奚其丧？"

子曰："其言之不怍[7]，则为之也难。"

公叔文子有一位家臣叫大夫僎，因为公叔文子的推荐而同文子一道升为卫国的大臣。孔子听说了这件事，说："他可以谥为'文'了。"

孔子在谈到卫灵公昏庸无道时，季康子说："既然这样，卫国为什么还不败亡？"孔子说："他有大夫仲叔圉接待宾客主管外交，祝鮀管理宗庙祭祀，王孙贾统帅军队。(他们都是贤臣)像这样，怎么会败亡呢？"

孔子说："他说起话来大言不惭，做起来就会很难了。"

◎ **原文注释**

[1] 僎：人名。原是公叔文子的家臣，由于文子的推荐，当上了卫国的大夫。同升诸公：谓僎由家臣经公叔文子推荐而与之同为卫国的大夫。公：公朝，这里指卫国朝廷。

[2] 闻：听说，知道。

[3] 夫：助词，无实义。如是：果真这样。

[4] 奚：为何。丧：失位。

[5] 仲叔圉：即孔文子。卫国大夫，世袭贵族。

[6] 祝鮀：卫国大夫，世袭贵族。

[7] 怍（zuò 作）：惭愧。

陈成子弑简公[1]。孔子沐浴而朝[2]，告
于哀公曰："陈恒弑其君，请讨之。"公曰：
"告夫三子[3]。"孔子曰："以吾从大夫之后，
不敢不告也。君曰'告夫三子'者！"之三
子告，不可。孔子曰："以吾从大夫之后，不
敢不告也。"

陈成子杀了国君齐简公。孔子斋戒浴
沐然后上朝面见国君，他向鲁哀公报告说：
"陈成子杀了他的国君，请您派兵讨伐他。"
哀公说："你去告诉那三位大夫。"孔子退出
来后说："因为我曾经做过大夫，所以不敢
不来报告。可国君却说：'去告诉那三位大
夫吧'！"他只好去告诉三位大夫，可他们
不同意出兵。孔子说："因为我曾经做过大
夫，所以不敢不来报告。"

◎ **原文注释**

[1] 陈成子：齐国大夫陈恒，又名成子。
　　公元前481年陈成子杀死齐简公，掌
　　握了齐国政权。

[2] 孔子沐浴而朝：这时孔子已告退在家，
　　特意为此事去朝见鲁哀公。沐浴而朝，
　　说明孔子很重视这件事。

[3] 三子：指鲁国的季孙、仲孙、孟孙三人。

○ 品画鉴宝　兽面纹鼎·商

子路问事君。子曰："勿欺也[1]，而犯之[2]。"

子曰："君子上达，小人下达[3]。"

子曰："古之学者为己，今之学者为人。"

子路问怎样事奉君主。孔子说："不要欺骗他，而应该当面规劝他。"

孔子说："君子通达于仁义，小人通达于财利。"

孔子说："古人学习是为了充实自己，现在的人学习是为了沽名钓誉。"

◎ 原文注释

〔1〕欺：隐瞒、欺骗。

〔2〕犯：触犯。这里引申为对君主犯颜直谏。

〔3〕上达、下达：上和下是用来区别君子和小人所通达的不同，君子通达于仁义，

　　谓之上，小人通达于财利，谓之下。

蘧伯玉使人于孔子[1]。孔子与之坐而问焉，曰："夫子何为？"对曰："夫子欲寡其过而未能也[2]。"使者出。子曰："使乎！使乎！"

蘧伯玉派使者来拜访孔子，孔子给使者座位并问道："他老人家现在做些什么？"使者回答说："他老人家想减少自己的过失而没做什么事。"使者出去后，孔子说："是位好使者啊！是位好使者啊！"

◎ 原文注释

〔1〕蘧伯玉：姓蘧，名瑗，字伯玉，卫国大夫。使：派。

〔2〕寡：减少。

子曰："不在其位，不谋其政。"
曾子曰："君子思不出其位。"
子曰："君子耻其言而过其行[1]。"

孔子说："不处在那个职位，不考虑那个职位的事。"

曾子说："君子思考问题不超出自己的职位。"

孔子说："君子以说得多，做得少而感到羞耻。"

◎ 原文注释

〔1〕耻其言而过其行：以说得多做得少为羞耻。意思是说，君子要言行一致。

276

子曰："君子道者三，我无能焉：仁者不忧，知者不惑，勇者不惧。"子贡曰："夫子自道也〔1〕。"

子贡方人〔2〕。子曰："赐也贤乎哉？夫我则不暇。"

孔子说："君子按道理应做的三件事，我都没有做到：仁德的人不忧愁，聪明的人不迷惑，勇敢的人不畏惧。"子贡说："这正是老师对自己的总结啊。"

子贡议论别人的短处。孔子说："你子贡就很贤德了吗？我可没有闲工夫讲别人。"

◎ 原文注释

〔1〕自道：自己说自己。

〔2〕方：比方人物而较其短长，即衡量他人，议论他人的长处与短处。

○ 品画鉴宝　莫愁湖图·清·吴宏

子曰："不患人之不己知[1]，患其不能也[2]。"

子曰："不逆诈[3]，不亿不信[4]，抑亦先觉者，是贤乎！"

孔子说："不担心人家不了解自己，只担心自己没有能力呀。"

孔子说："不预先猜测人家会不会欺诈我，不没有根据地怀疑别人不讲信用，但能够及时察觉问题，这就是贤人呀！"

◎ 原文注释

[1] 患：忧虑，担心。

[2] 其：指自己。

[3] 逆：预先。

[4] 亿：同"臆"。主观推测，猜测。

微生亩谓孔子曰[1]:"丘何为是栖栖者与[2]?无乃为佞乎[3]?"孔子曰:
"非敢为佞也,疾固也[4]。"

子曰:"骥不称其力,称其德也。"

微生亩对孔子说:"你为什么总是这样忙忙碌碌去游说呢?莫非是为了表现自
己的口才?"孔子说:"不是我想表现口才,我是痛恨那些顽固不化的人呀。"

孔子说:"对于叫作骥的千里马,我们赞美的不是它的力气,而要称赞它的德
行呀。"

◎ 原文注释

[1] 微生亩:人名。[2] 栖栖(xī西):栖栖遑遑,忙碌。[3] 佞:有口才。[4]
疾:痛恨。固:顽固。

或曰："以德报怨[1]，何如？"子曰："何以报德？以直报怨[2]，以德报德。"

子曰："莫我知也夫[3]！"子贡曰："何为其莫知子也？"子曰："不怨天，不尤人[4]。下学而上达。知我者其天乎！"

有人问："用恩德去回报怨恨，这样可以吗？"孔子说："那将用什么去报答恩德呢？应该用正直回报怨恨，用恩德报答恩德。"

孔子说："没有人了解我呀！"子贡说："为什么会没有人了解您呢？"孔子说："我既不抱怨上天，也不责备他人。我下学人事而上知天命。知道我的，只有上天吧！"

◎ 原文注释

[1] 以德报怨：以恩惠回报怨恨之人。

[2] 直：正直，公而无私。

[3] 莫我知：即"莫知我"，没有人了解我。

[4] 尤：责怪，归咎。

　　公伯寮愬子路于季孙[1]。子服景伯以告[2]，曰："夫子固有惑志于公伯寮[3]，吾力犹能肆诸市朝[4]。"子曰："道之将行也与？命也；道之将废也与？命也。公伯寮其如命何？"

　　公伯寮在季孙面前毁谤子路。子服景伯把这件事告诉了孔子，说："他老先生已经被公伯寮迷惑了，但我还有力量能把公伯寮的尸首在街头示众。"孔子说："道义能否实行这决定于天命；道义将要废弃，这也决定于天命。公伯寮能改变天命吗？"

◎ 原文注释

〔1〕伯寮：字子周，孔子的弟子，曾任季氏家臣。愬：同"诉"，毁谤。

〔2〕子服景伯：姓子服，名何，字伯，"景"是死后谥号。鲁国大夫。

〔3〕夫子：指季孙氏。惑：迷惑。

〔4〕肆：陈列尸体。市朝：这里只指市场。市，市场。朝，朝廷。

子曰："贤者辟世〔1〕，其次辟地，其次辟色，其次辟言。"

子曰："作者七人矣〔2〕。"

子路宿于石门〔3〕。晨门曰〔4〕："奚自〔5〕？"子路曰："自孔氏。"曰："是知其不可而为之者与？"

孔子说："贤德的人避开世俗隐居，次一等的到好的地方去隐居，再次一等的避开人家难看的脸色，再次一等的避开人家难听的话。"

孔子说："已经有七个人（伯夷、叔齐等）这样做了。"

子路在石门过夜。第二天早晨看守城门的人问他："你从哪里来？"子路说："从孔子家里来。"守门人说："就是那个明知做不到而偏要去做的人吗？"

◎ **原文注释**

〔1〕辟世：指不干预世事而隐居。辟，同"避"，避开。

〔2〕作：做，这样做。

〔3〕石门：鲁国都城的外门。

〔4〕晨门：早晨看守城门的人。

〔5〕奚自："自奚"的倒装，意为"从哪里来"。

○ 品画鉴宝　玉山观画图·清·王翚

子击磬于卫[1]，有荷蒉而过孔氏之门者[2]，曰："有心哉，击磬乎！"既而曰："鄙哉，硁硁乎[3]！莫己知也，斯己而已矣。深则厉，浅则揭[4]。"子曰："果哉！末之难矣[5]。"

孔子在卫国，一天正在敲着磬，有个人挑着草筐恰好经过孔子的家门口，就说："真是个有心人呀，这个击磬的人！"接着他又说："真是鄙俗呀，这沉闷的声音！像是说没人了解自己呢，没人了解那就算了吧。遇到水深就干脆和衣蹚过，遇到水浅就提起衣襟过。"孔子道："说得真坚决！简直无法说服他了。"

◎ 原文注释

[1] 磬：古代一种打击乐器，形状像曲尺，用玉或美石制成。

[2] 荷：担。蒉（kuì溃）：草筐。

[3] 鄙：质朴。硁（kēng坑）：击磬声。

[4] 深则厉，浅则揭：连衣涉水叫厉，提起衣裳涉水叫揭。两句出自《邶风·匏有苦叶》。

[5] 果：果断。末：无。

子张曰："《书》云：'高宗谅阴[1]，三年不言[2]。'何谓也？"子曰："何必高宗？古之人皆然。君薨[3]，百官总己以听于冢宰三年[4]。"

子曰："上好礼，则民易使也[5]。"

子张说："《尚书》上说：'殷高宗守孝时，三年之内不谈政事。'这是什么意思呢？"孔子说："其实不光是高宗，古时候的人都是这样。国君死了，(新君三年不谈政事)文武百官料理自己的职事，服从宰相的命令。"

孔子说："处在上位的按礼义办事，那么人民就容易服从命令了。"

◎ 原文注释

〔1〕谅阴：古代天子守孝的名称。

〔2〕不言：指不过问政事。

〔3〕薨（hōng 轰）：古代天子死称薨或驾崩，诸侯死也称薨。

〔4〕总己：总理自己的职事。冢宰：太宰。

〔5〕使：使唤，役使。

○ 品画鉴宝 錾胎珐琅四友图屏风·清

　　子路问君子。子曰："修己以敬。"曰："如斯而已乎？"曰："修己以安人[1]。"曰："如斯而已乎？"曰："修己以安百姓。修己以安百姓，尧舜其犹病诸[2]！"

　　子路问怎样才可以称得上是君子。孔子说："修养自己成为严肃谨慎的人。"子路说："像这样就够了吗？"孔子说："修养自己来安定亲人。"子路说："像这样就够了吗？"孔子说："自己修养好了，再使百姓安乐。修养自己使天下百姓得以安乐，连尧、舜恐怕还没有完全做到呢！"

◎ 原文注释

〔1〕人：与"己"相对，这里当指士大夫以上的贵族、上层人士。比下面的"百姓"所指范围要窄。

〔2〕病：以……为病；担心，忧虑。

原壤夷俟[1]。子曰："幼而不孙弟[2]，长而无述焉，老而不死，是为贼[3]。"以杖叩其胫[4]。

阙党童子将命[5]。或问之曰："益者与？"子曰："吾见其居于位也[6]，见其与先生并行也[7]。非求益者也，欲速成者也。"

原壤两腿叉开，坐在地上等待孔子。孔子责备说："你小时候就不孝不悌，长大了又一事无成，老了又不早点死，真是个害人虫。"说完用拐杖敲打他的小腿。

阙党的一个童子奉命来见孔子。有人问孔子说："他是个追求上进的孩子吗？"孔子说："我看到他坐在成年人的位置上，又看到他和长辈们并肩而行。这不是个追求上进的孩子，而是个急于求成的人。"

◎ 原文注释

[1] 原壤：孔子旧时的朋友。夷：蹲踞，这是一种待人不礼貌的行为。俟：等待。

[2] 孙：同"逊"。

[3] 贼：害。

[4] 叩：敲打。胫：小腿。

[5] 阙党：地名，是孔子居住的地方。童子：未成年人。将命：传达信息，传话。

[6] 居于位：古代的礼节，未成年人隅坐无位，成人才有位。这个未成年人坐在成人的位子上，是一种无礼行为。

[7] 与先生并行：古代礼节，未成年人与长辈在一起只能随行，不能并行。

○ 品画鉴宝 仿巨然山水图·清·张学曾

卫灵公问陈于孔子[1]。孔子对曰："俎豆之事[2]，则尝闻之矣；军旅之事，未之学也。"明日遂行。

在陈绝粮，从者病[3]，莫能兴[4]。子路愠见曰："君子亦有穷乎？"子曰："君子固穷[5]，小人穷斯滥矣[6]。"

卫灵公向孔子请教军队怎样列阵打仗。孔子回答说："祭祀仪式方面的事，我倒是曾听说过；打仗方面的事，我却没有学过。"第二天孔子就离开了卫国。

孔子在陈国断了粮，跟随的人都饿病了，不能站起来。子路很不高兴地来见孔子说："君子也有穷困的时候吗？"孔子说："君子虽然穷，尚能安守穷困，小人穷困就会胡作非为了。"

◎ 原文注释

[1] 陈：同"阵"。

[2] 俎（zǔ 组）豆之事：俎和豆都是古代的一种器皿，举行礼仪时用。这里用以表示礼仪。

[3] 病：苦，困。这里指饿极了，饿坏了。

[4] 兴：起来。这里指行走。

[5] 固：固守，安守。

[6] 滥：像水一样漫溢，泛滥。比喻人不能检点约束自己。

子曰："赐也,女以予为多学而识之者与[1]?"
对曰："然,非与?"曰:"非也。予一以贯之[2]。"

子曰："由,知德者鲜矣[3]。"

孔子说："子贡呀,你以为我是广泛地学习并且能够记住知识的人吗?"子贡回答说:"是的,您难道不是这样吗?"孔子说:"不是的。我是用一个最基本的道理来贯穿自己的所学。"

孔子说："仲由,懂得仁德的人很少了啊!"

◎ 原文注释

〔1〕女:同"汝",你。识(zhì 志):记,记住。

〔2〕贯:穿,以绳穿物。引申为贯穿,会通。大道至简,一理通,百理通。

〔3〕鲜:少。

○ 品画鉴宝　弧面旋纹案·战国
1990年出土于云南胜行曲石。弧形案面,两头较宽,中段稍窄,两组花纹相同。每组边沿为三角形齿纹,中间用直线分六格,每格以旋纹和云纹相间。案下两侧各有一栅栏形腿,其上遍布斜线三角纹。

○ 品画鉴宝　掐丝珐琅云龙纹文具·清

　　子曰："无为而治者[1]，其舜也与？夫何为哉？恭己正南面而已矣[2]。"

　　孔子说："自己不去做什么而使天下太平的人，大概只有舜吧？他做了什么呢？他只是庄严端正地坐在君位上罢了。"

◎ 原文注释

〔1〕无为而治：指舜继尧之后，由于任人适当，故看不出他有所作为。

〔2〕恭己正南面而矣：由于舜无为而治，人们看到他好像只是庄严端正地坐在帝王的位子上罢了。

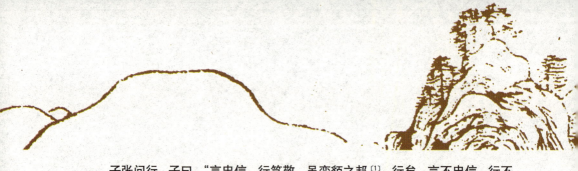

　　子张问行。子曰："言忠信，行笃敬，虽蛮貊之邦[1]，行矣。言不忠信，行不笃敬，虽州里，行乎哉？立则见其参于前也[2]，在舆则见其倚于衡也[3]，夫然后行。"子张书诸绅[4]。

　　子张请教怎样做事才能使自己通达。孔子说："说话忠诚守信，行为忠厚严肃，就算到了蛮狄的地方，也能通达。说话不忠诚守信，行为不忠厚严肃，即使在本乡本土，能行得通吗？站着时就好像看见'忠信笃敬'写在自己面前，坐在车上就好像看见'忠信笃敬'刻写在车辕前的横木上，能这样做，自然到处都能通达了。"子张把这些话写在衣带上。

◎ 原文注释

[1] 蛮貊：古代对边远地区后进民族的称呼。蛮，古称南蛮。貊，古称北狄。

[2] 参：本意为直、高。这里引申为像一个高大的东西直立在眼前。

[3] 倚：倚靠。这里可译为刻。衡：轭，车前横木，驾马时用。

[4] 子张书诸绅：子张把孔子的话写在腰间的带子上，免得忘记。书，写。绅，下垂的大带子。

子曰："直哉史鱼[1]！邦有道，如矢；邦无道，如矢。君子哉蘧伯玉！邦有道，则仕[2]；邦无道，则可卷而怀之[3]。"

子曰："可与言而不与言，失人；不可与言而与言，失言。知者不失人[4]，亦不失言。"

孔子说："史鱼真是个正直的人！国家政治清明他正直得像一支箭，国家政治昏暗他也像箭那样正直。蘧伯玉真是位君子！国家政治清明他就出来做官，国家政治昏暗他就收起自己的才能，隐退起来。"

孔子说："可以同他交谈而不同他交谈，这就失去了朋友；不可以同他交谈而同他交谈，就会说出错话。聪明的人不失去朋友，也不会说出错话。"

◎ 原文注释

[1] 史鱼：卫国大夫，名鳝，字子鱼。曾用"尸谏"的办法向卫灵公推荐贤士蘧伯玉。

[2] 仕：做官。

[3] 卷而怀之：收藏起来的意思，因此译为隐居。卷，收。怀，藏。

[4] 智者：聪明人。知，同"智"。

○ 品画鉴宝　羊灯·西汉　中国古代"羊"与"祥"通用，以羊形作灯象征吉祥。此羊灯身体浑圆，昂首凝目，憨态可掬，羊体中空用以储存油脂，羊头顶灯盘。

293

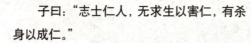
○ 品画鉴宝　象牙雕仕女图插屏·清

子曰:"志士仁人,无求生以害仁,有杀身以成仁。"

子贡问为仁。子曰:"工欲善其事,必先利其器。居是邦也,事其大夫之贤者,友其士之仁者。"

孔子说:"志士仁人,没有因为贪生怕死而损害仁德的,只有用牺牲生命来成就仁德的。"

子贡请教怎样修养仁德。孔子说:"工匠想要做好他的工作,一定先要把工具磨锋利。住在一个国家,应该事奉国中的贤大夫,交结国中有仁德的士人。"

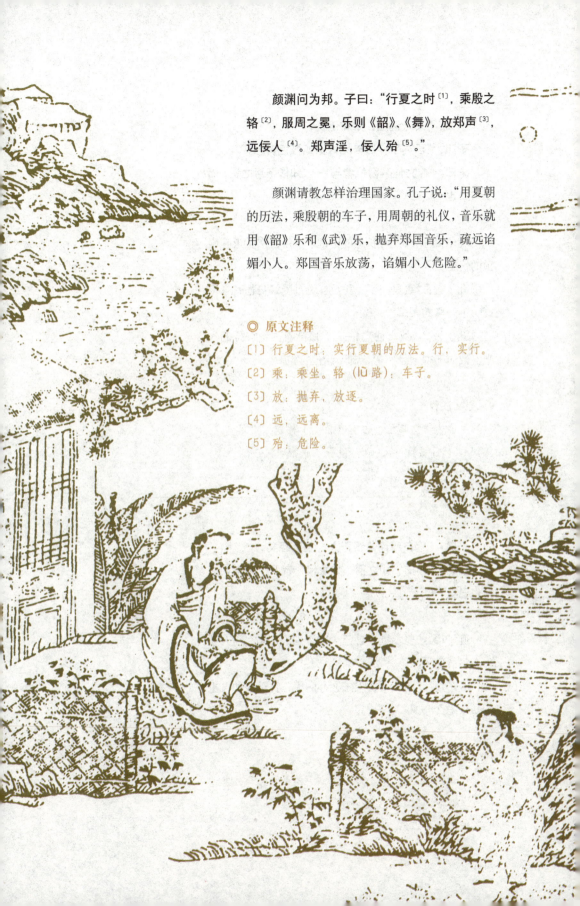

颜渊问为邦。子曰："行夏之时[1]，乘殷之辂[2]，服周之冕，乐则《韶》、《舞》，放郑声[3]，远佞人[4]。郑声淫，佞人殆[5]。"

颜渊请教怎样治理国家。孔子说："用夏朝的历法，乘殷朝的车子，用周朝的礼仪，音乐就用《韶》乐和《武》乐，抛弃郑国音乐，疏远谄媚小人。郑国音乐放荡，谄媚小人危险。"

◎ 原文注释

[1] 行夏之时：实行夏朝的历法。行，实行。

[2] 乘：乘坐。辂（lū路）：车子。

[3] 放：抛弃，放逐。

[4] 远：远离。

[5] 殆：危险。

子曰："人无远虑，必有近忧。"

子曰："已矣乎，吾未见好德如好色者也。"

子曰："臧文仲其窃位者与[1]？知柳下惠之贤，而不与立也[2]。"

孔子说："人没有长远的考虑，一定会产生近在眼前的忧患。"

孔子说："真是完了，我没有见过爱好美德就像爱好美色一样的人。"

孔子说："臧文仲恐怕是个私自霸占着官位的人吧？他明知柳下惠贤德，却不给他官位。"

◎ **原文注释**

[1] 窃位：窃据高位，占有官位而不称职，不尽责。

[2] 与（yǔ雨）：给。立：设置，此指职位。

子曰："躬自厚而薄责于人，则远怨矣。"

子曰："不曰'如之何，如之何'者[1]，吾未如之何也已矣[2]。"

孔子说："要多批评自己少责怨别人，那么别人就不会怨恨你了。"

孔子说："遇事不去想怎么办的人，我对这种人也不知该怎么办。"

◎ **原文注释**

[1] 不曰"如之何，如之何"：不说"怎么办，怎么办。"
这里指遇事不愿多思考。

[2] 未：没有，不。

子曰："群居终日，言不及义，好行小慧，难矣哉！"

子曰："君子义以为质[1]，礼以行之，孙以出之[2]，信以成之。君子哉！"

子曰："君子病无能焉[3]，不病人之不己知也。"

孔子说："同大家整天聚在一起，谈论丝毫不涉及道义，只爱卖弄小聪明，这种人很难有所作为！"

孔子说："君子以道义作为做人的根本，按礼仪来实行它，用谦逊的言语来表达它，用忠诚的态度来完成它。这才是个君子啊！"

孔子说："君子只担心自己没有本事，不怨恨别人不了解自己。"

◎ 原文注释

[1] 质：本意为本质、质地。引申为基本原则，根本。

[2] 孙：同"逊"。

[3] 病：以……为病，忧虑，担心。

○ 品画鉴宝　秋帆旷揽图·清·王翚

子曰："君子疾没世而名不称焉[1]。"

子曰："君子求诸己[2]，小人求诸人。"

子曰："君子矜而不争[3]，群而不党。"

孔子说："君子所抱恨的是死后没有好的名声被人称颂。"

孔子说："君子从自己身上悟得大道，小人则要依赖于他人的认可。"

孔子说："君子态度庄重而不与人争执，合群但不与人结党。"

◎ 原文注释

〔1〕疾：憎恨，痛恨。没世：死。

〔2〕求：责求，乞求。诸：之、于二字的合音。

〔3〕矜：庄重。

子曰："君子不以言举人，不以人废言。"

子贡问曰："有一言而可以终身行之者乎？"子曰："其恕乎！己所不欲，勿施于人。"

孔子说："君子不因为这人话说得好就推举他，也不因为平时对这人印象坏而否定他的言论。"

子贡问道："有没有一句可以终身奉行的话呢？"孔子说："那就是'恕'吧！自己所不喜欢的事，也不强加给别人。"

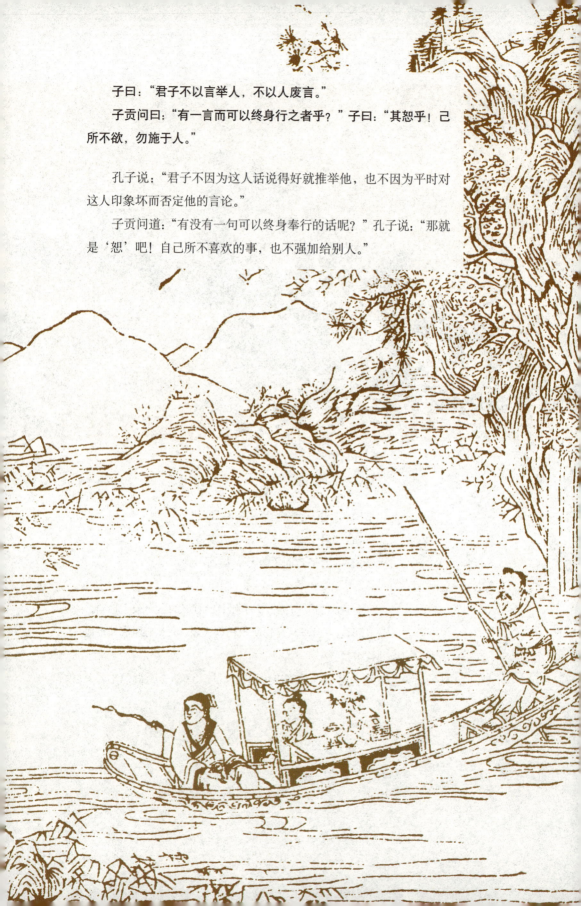

○ 品画鉴宝　几何纹鼎·春秋　鼎为立耳，折沿，
浅腹微鼓，三足细长外撇，足为空心，一足内侧作空
槽形，腹饰几何纹一周，下接一周三角形几何纹，双
耳内侧亦饰几何纹。

子曰："吾之于人也，谁毁谁誉[1]？如有所誉者，其有所试矣。斯民也，三
代之所以直道而行也。"

子曰："吾犹及史之阙文也。有马者，借人乘之。今亡矣夫！"

子曰："巧言乱德，小不忍则乱大谋。"

孔子说："我对别人，诋毁过谁？称道过谁？如果我有称赞过的人，那他一定
是经过我考验的。用正道对待人民，所以夏商周三代能一直在正道上发展。"

孔子说："我还能看到史书上值得怀疑的地方。有马的人，先借给别人骑。现
在就没有这种人了！"

孔子说："花言巧语足以败坏道德，小事不能忍耐就会败坏大的谋略。"

◎ 原文注释

〔1〕毁：诋毁。指称人之恶而失其真。誉：赞誉，溢美。指扬人之善。

子曰："众恶之，必察焉；众好之，必察焉。"

子曰："人能弘道，非道弘人。"

子曰："过而不改，是谓过矣。"

孔子说："大家都讨厌的人，一定要考察一下；大家都喜欢的人，也一定要考察一下。"

孔子说："人能够把道义发扬光大，不是凭借道义来弘扬个人。"

孔子说："有错误而不改正，那就是真正的错误了。"

○ 品画鉴宝　秦公簋·春秋

子曰："吾尝终日不食，终夜不寝，以思，无益，不如学也。"

子曰："君子谋道不谋食。耕也，馁在其中矣[1]；学也，禄在其中矣[2]。君子忧道不忧贫。"

孔子说："我曾经整天不吃饭，整夜不睡觉地思考，可是没有收获，倒不如努力学习。"

孔子说："君子用心求道义而不用心求衣食。耕田，是为了求食，而有时难免会饿肚子；读书，是为了救道，而有时却可以获得俸禄。君子担忧得不到道义而不担忧贫穷。"

◎ 原文注释

[1] 馁：饥饿。[2] 禄：做官的俸禄。

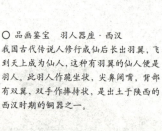

◯ 品画鉴宝　羽人器座·西汉
我国古代传说人修行成仙后长出羽翼，飞
到天上成为仙人，这种有羽翼的仙人便是
羽人。此羽人作跪坐状，尖鼻阔嘴，背部
有双翼，双手作捧持状，是出土于陕西的
西汉时期的铜器之一。

子曰："知及之，仁不能守之，虽得之，必失之。
知及之，仁能守之，不庄以莅之 [1]，则民不敬。知及
之，仁能守之，庄以莅之，动之不以礼，未善也。"

孔子说："靠聪明取得的东西，不能用仁德去保
持它，虽然得到，也一定会失去。靠聪明取得的地位，
能用仁德保持它，假若不能用严肃的态度来治理百
姓，那么百姓也不会尊敬他。靠聪明取得的地位，能
用仁德保持它，能用严肃的态度治理百姓，如果不用
礼仪约束人民，那也算不完善。"

◎ 原文注释

〔1〕莅（lì 立）：到，临。这里指临民，即掌握政权，
　　治理百姓。

子曰:"君子不可小知,而可大受也[1]。小人不可大受,而可小知也。"

子曰:"民之于仁也,甚于水火。水火,吾见蹈而死者矣[2],未见蹈仁而死者也。"

子曰:"当仁,不让于师。"

孔子说:"君子不可以用小事来考验他,却可以让他承担重大的任务;小人不可以承担重大的任务,却可以用小事情考验他。"

孔子说:"人民需要仁德,比对水火的需要更迫切。往水火里去,我还看见有因此而死了的人,却从没有看见过因实践仁德而死了的人。"

孔子说:"面临着行仁德之事的时候,就是在老师面前也不必谦让。"

 原文注释

[1] 小知:小的赏识和待遇。知,知道,待遇。大受:承担重任,委以重任。

[2] 蹈:踏。

○ 品画鉴宝　点苍山色图·清·黄向坚　图中描绘的是云南大理点苍山的壮观景象。群峰插云，争奇竞秀，云气弥漫，山坡层林覆盖，山下洱海浩瀚，舟楫扬帆。全图用花青、赭石混和，并掺以水墨敷色；峰头山脊，用笔浑厚，得沉郁苍翠之感；皴笔繁密，牛毛皴、披麻皴等兼施并用，点笔丰富，更显树叶之郁茂。

子曰：「君子贞而不谅[1]。」

子曰：「事君，敬其事而后其食[2]。」

子曰：「有教无类。」

子曰：「道不同，不相为谋。」

孔子说：「各人的志向不同，就无法在一起商议。」

孔子说：「任何人我都愿意教育，而不会有贵贱、地域的区别。」

孔子说：「侍奉君主，应该认真办好事情而把拿俸禄放在后面。」

孔子说：「君子坚持正义而不拘泥小信。」

◎ 原文注释

[1] 贞：正确坚定。谅：诚信，这里指不问是非，一味讲求诚信。

[2] 食：食禄，俸禄，官吏的薪水。

子曰：『辞达而已矣。』

师冕见[1]，及阶，子曰：『阶也。』及席，子曰：『席也。』皆坐，子告之曰：『某在斯，某在斯。』师冕出。子张问曰：『与师言之道与？』子曰：『然。固相师之道也[2]。』

孔子说：『语言能够表达意思就足够了。』

盲人乐师冕来求见，走到台阶边，孔子说：『这是台阶。』走到坐席边，孔子说：『这是坐席。』大家都坐下，孔子告诉他说：『某某坐那里，某某坐这里。』乐师冕走了。子张问道：『这是同盲人乐师讲话的方法吗？』孔子说：『是的。这就是帮助盲人乐师的方法。』

◎ 原文注释

［1］ 师冕：名叫冕的乐师。古代乐师一般都由盲人充当。

［2］ 相：辅助，帮助。

307

季氏将伐颛臾[1]。冉有、季路见于孔子曰："季氏将有事于颛臾。"孔子曰："求！无乃尔是过与[2]？夫颛臾，昔者先王以为东蒙主[3]，且在邦域之中矣，是社稷之臣也。何以伐为？"冉有曰："夫子欲之，吾二臣者皆不欲也。"孔子曰："求！周任有言曰：'陈力就列[4]，不能者止。'危而不持，颠而不扶，则将焉用彼相矣[5]？且尔言过矣。虎兕出于柙[6]，龟玉毁于椟中[7]，是谁之过与？"冉有曰："今夫颛臾，固而近于费。今不取，后世必为子孙忧。"孔子曰："求！君子疾夫舍曰欲之，而必为之辞。丘也闻有国有家者，不患寡而患不均，不患贫而患不安。盖均无贫，和无寡，安无倾。夫如是，故远人不服，则修文德以来之。既来之，则安之。今由与求也，相夫子，远人不服，而不能来也；邦分崩离析，而不能守也[8]；而谋动干戈于邦内。吾恐季孙之忧，不在颛臾，而在萧墙之内也[9]。"

季氏准备去攻打颛臾。冉有、子路去见孔子说："季氏准备对颛臾发动战争。"孔子说："冉求！这难道不应该责备你吗？颛臾是上代君主让它来主持东蒙山祭祀的，并且又在鲁国的境内，这是国家的臣属。为什么要攻打它呢？"冉有说："是季氏想这样做，我们俩个并不想要如此。"孔子说："冉求！周任曾经说过这话：'尽自己的能力胜任职务，不能胜任就辞职。'别人遇到危险你不扶持，别人跌倒你不搀扶，那还要你们做助手干什么呢？并且你的话也无法立足了。好比老虎犀牛从笼子里跑掉，龟甲美玉在盒子里毁坏，这是谁的过错呢？"冉有说："颛臾的城墙坚固，又邻近季氏的费邑。现在不去夺取它，一定给子孙后代留下隐患。"孔子说："冉求！君子讨厌那种不承认自己贪婪而找借口掩饰的人。我听说治理国家或治理封地的人，不担心贫困而担心财富不平均，不担心人稀少，而担心境内不

○ 品画鉴宝　莲叶玉盘·清

○ 品画鉴宝 掐丝珐琅兽面纹提梁卣·清

卣做扁圆体，方提梁，随形圈足，自上而下鱼鳍式四出戟。器身以深浅不一的绿釉为地，以掐丝为纹，饰四组兽面，其间以回纹、锦地相间。卣为我国商周时期盛酒的器具，清时曾以不同工艺和材质仿造，此为其中的代表作之一。

安定。如果财富分配均匀，就没有贫穷；境内和平了，就不会感到人少；境内平安了，就没有倾覆的危险。能做到这样，远方的人还不归服，那就要修养仁义礼乐来招徕他们。他们已经来了，就要让他们安定。现在你子路与冉求辅佐季氏，远方的人不肯归服，又不能够招徕他们；国家四分五裂，又不能够保全；反而策划在国内发动战争。我恐怕季氏的忧虑，不是在颛臾国，而是在鲁国的内部吧。"

◎ 原文注释

[1] 颛臾（zhuān yú 专鱼）：鲁国的附属国，在今山东费县西。

[2] 无乃：不就是。乃，就是。

[3] 东蒙：山名，即蒙山，在今山东蒙阴县南。主：主持祭祀。

[4] 陈力：贡献出力量。就列：到职位上，即担任职务。列，位。

[5] 相：扶助瞎子的人称相。这里作辅佐讲。

[6] 兕（sì 四）：犀牛。柙（xiá 匣）：槛，关野兽的笼子。

[7] 椟（dú 读）：木制的柜子，匣子。

[8] 守：保持，主持。

[9] 萧墙之内：指鲁国当权者的内部。萧墙，屏风。

孔子曰："天下有道，则礼乐征伐自天子出；天下无道，则礼乐征伐自诸侯出。自诸侯出，盖十世希不失矣[1]；自大夫出，五世希不失矣；陪臣执国命[2]，三世希不失矣。天下有道，则政不在大夫。天下有道，则庶人不议。"

孔子说："天下政治清明，那么制作礼乐和出征讨伐的大事由天子决定；天下政治昏暗，那么制礼作乐和出征讨伐的大事由诸侯决定。如果由诸侯决定，这样的政权再传十代很少没有不崩溃的；如果由大夫决定，这样的政权再传五代很少不崩溃的；如果由大夫的家臣把持国政，传到三代很少有不崩溃的。天下政治清明，那么政权就不会落在大夫手里。天下政治清明，老百姓也就不会议论纷纷。"

◎ 原文注释

〔1〕十世：十代。世，代。希：同"稀"，少有。〔2〕陪臣：卿、大夫的家臣。

孔子曰："禄之去公室，五世矣[1]。政逮于大夫，四世矣[2]。故夫三桓之子孙微矣[3]。"

孔子曰："益者三友，损者三友。友直，友谅[4]，友多闻，益矣。友便辟[5]，友善柔[6]，友便佞[7]，损矣。"

孔子说："鲁国国君失去政权已经五代了，政权落在大夫季氏手里已经四代了，所以鲁桓公的三房子孙也败落了。"

孔子说："三种朋友会带给你益处，三种朋友会带给你害处。正直的朋友，守信的朋友，见闻广博的朋友，这是有益的。逢迎谄媚的朋友，当面恭维背后毁谤人的朋友，花言巧语的朋友，这是有害的。"

◎ 原文注释

〔1〕禄：爵禄，这里指国家政权。去：离开。公室：指鲁国朝廷。五世：鲁国自文公死后，公子遂杀子赤，立宣公，而国君失去权力，又经过成公、襄公、昭公、定公，共是五代。〔2〕逮：及，到。四世：自季武子始专国政，经过悼子、平子、桓子，共是四代，而后为其家臣阳虎所执。〔3〕微：衰败，微弱。〔4〕谅：诚信，诚实。〔5〕便（pián 骈）辟：善于逢迎谄媚。〔6〕善柔：当面一套，背后一套。〔7〕便（pián 骈）佞：善于花言巧语，而言不符实。

311

孔子曰："益者三乐，损者三乐。乐节礼乐 [1]，乐道人之善，乐多贤友，益矣。乐骄乐，乐佚游 [2]，乐宴乐 [3]，损矣。"

孔子曰："侍于君子有三愆 [4]：言未及之而言谓之躁，言及之而不言谓之隐 [5]，未见颜色而言谓之瞽 [6]。"

孔子说："三种快乐有益，三种快乐有害。以用礼乐调节自己为快乐，以称道他人好处为快乐，以结交许多贤良的朋友为快乐，这是有益的。以骄傲放肆为快乐，以舒坦游玩为快乐，以吃喝无度、花天酒地为快乐，这是有害的。"

孔子说："侍奉君子容易产生三种过失：君子的话还没有说出来他就抢先说叫作急躁，该说话了而他却不说叫作隐瞒，不看君子的脸色就贸然讲话叫作瞎子。"

◎ 原文注释

〔1〕节：调节，节制。

〔2〕佚：闲逸，安闲，休息。

〔3〕宴乐：宴饮取乐。

〔4〕愆（qiān 千）：过失，罪过。

〔5〕隐：隐瞒，有意缄默。

〔6〕瞽（gǔ 古）：瞎子。

○品画鉴宝　青瓷飞鱼小盂·五代

孔子曰："君子有三戒：少之时，血气未定[1]，戒之在色；及其壮也，血气方刚，戒之在斗；及其老也，血气既衰，戒之在得[2]。"

孔子曰："君子有三畏[3]：畏天命，畏大人[4]，畏圣人之言。小人不知天命而不畏也，狎大人[5]，侮圣人之言。"

孔子说："君子有三件事情应该戒备：年少的时候，血气没有稳定，要警戒不贪恋女色；到了壮年，血气正当旺盛刚烈，要戒争强斗胜；到了老年，血气已经衰退，要禁戒贪得无厌。"

孔子说："君子敬畏三件事：敬畏天命，敬畏地位高的人，敬畏圣人的话。小人不懂得天命因而不会敬畏，轻视地位高的人，侮慢圣人说的话。"

◎ 原文注释

[1] 未定：未成熟、未固定。

[2] 得：泛指对于名誉、地位、钱财、女色等等的贪欲、贪求。

[3] 畏：怕。这里指心存敬畏，敬服。

[4] 大人：指地位高的人。

[5] 狎（xiá 匣）：轻慢，不尊重。

○ 品画鉴宝　泉村山水图·清·叶欣

孔子曰："生而知之者，上也；学而知之者，次也；困而学之，又其次也；困而不学，民斯为下矣。"

孔子曰："君子有九思：视思明，听思聪，色思温，貌思恭，言思忠，事思敬，疑思问，忿思难[1]，见得思义。"

孔子说："生来就懂得知识的人，这是上等资质的人；经过学习然后懂得知识的人，那是次等资质的人；遇到困难再学习的人，那是又次一等的人；有困难仍然不肯学习，这种人算是最下等的人。"

孔子说："君子所思考的有九件事：观看时想想是否看清了，倾听时想想是否听明白了，想想脸色是否温和，想想态度是否恭敬，想想说话是否诚实，想想办事是否认真，有疑问想想怎样请教，发怒时想想后果，看见财利想想得到了是否符合道义。"

◎ 原文注释

〔1〕难：这里指发怒可能带来的灾难，留下的后患。

314

孔子曰："见善如不及，见不善如探汤[1]。吾见其人矣，吾闻其语矣。隐居以求其志，行义以达其道[2]。吾闻其语矣，未见其人也。"

齐景公有马千驷[3]，死之日，民无德而称焉。伯夷、叔齐饿于首阳之下[4]，民到于今称之。其斯之谓与？

孔子说："看见行善，生怕赶不上似的去追求，看见坏行为就像怕开水烫一样赶快避开。我看见过这样的人，也听过这样的话。用隐退闲居来保持自己的志向，做仁义的事是为了贯彻自己的主张。我听见过这样的话，却没有看见过这样的人。"

齐景公拥有四千匹马，可是死的时候，老百姓不认为他有什么好德行可称颂。伯夷、叔齐饿死在首阳山下，而老百姓到现在还在称颂他们。就是这个意思吧。

◎ 原文注释

〔1〕探汤：把手伸到滚烫的热水里。指要赶紧躲避开。汤，热水，开水。

〔2〕达：达到，全面贯彻。

〔3〕千驷：古代一辆车套四匹马，驷是四匹马的统称，千驷就是四千匹马。作为诸侯而有马千驷，在当时是越制的。

〔4〕首阳：首阳山。伯夷、叔齐拒食周粟，饿死在首阳山。

　　陈亢问于伯鱼曰[1]："子亦有异闻乎？"对曰："未也。尝独立，鲤趋而过庭[2]。曰：'学《诗》乎？'对曰：'未也。''不学《诗》，无以言。'鲤退而学《诗》。他日，又独立，鲤趋而过庭。曰：'学《礼》乎？'对曰：'未也。''不学《礼》，无以立。'鲤退而学《礼》。闻斯二者。"陈亢退而喜曰："问一得三，闻《诗》，闻《礼》，又闻君子之远其子也[3]。"

　　陈亢问伯鱼道："老师对您有什么与众不同的教诲吗？"伯鱼回答说："没有。我父亲曾一个人站在堂上，我快步走过庭院。他说：'你学习《诗》了吗？'我回答说：'没有。'他说：'不学习《诗》，就不会说话。'我退下后就开始学习《诗》。又有一天，父亲又单独站着，我快步走过庭院。他说：'你学习《礼记》了吗？'我回答说：'没有。'他说：'不学习《礼记》，就无法立身处世。'我退下后就开始学习《礼记》。我只听过这两次对我的教育。"陈亢回去高兴地说："我问一个问题却有三个收获，懂得了学《诗》、学《礼》的道理，还懂得君子不偏爱自己的儿子。"

◎ 原文注释

〔1〕陈亢：字子禽。陈国人，孔子的学生。伯鱼：孔子的儿子，名鲤，字伯鱼。

〔2〕趋：小步快速而行，以示恭敬。

〔3〕远：疏远，指孔子不偏袒自己的儿子。

邦君之妻[1]，君称之曰夫人，夫人自称曰小童[2]；邦人称之曰君夫人[3]，称诸异邦曰寡小君；异邦人称之，亦曰君夫人。

国君的妻子，国君称呼她为夫人，夫人自称为小童；国内人民称呼她为君夫人，但对外邦人便称她寡小君；外邦人也称她为君夫人。

◎ 原文注释

[1] 邦君：指诸侯国的国君。

[2] 小童：谦称。犹说自己无知如童子。

[3] 邦人：国人。

阳货欲见孔子[1]，孔子不见，归孔子豚[2]。孔子时其亡也[3]，而往拜之，遇诸涂[4]。谓孔子曰："来！予与尔言。"曰："怀其宝而迷其邦，可谓仁乎？"曰："不可。""好从事而亟失时[5]，可谓知乎[6]？"曰："不可。""日月逝矣，岁不我与[7]。"孔子曰："诺。吾将仕矣[8]。"

阳货想让孔子来拜见他，孔子不肯去拜见，于是他送给孔子一只蒸熟的小猪。孔子趁他不在家时，才前往他家拜谢。不料两人在路上相遇。阳货对孔子说："来吧，我有话同你说。"他又说："有人把自己的本领隐藏起来而听任国家混乱，这可以叫作仁德吗？"孔子说："不能。"阳货说："希望从事政事而又屡次失去机会，这可以叫作明智吗？"孔子答道："不能。"阳货于是说："时间过得快，岁月不会等待人的。"孔子说："好吧，我打算出去做官了。"

◎ 原文注释

〔1〕阳货：名虎，季氏的家臣。欲：想。

〔2〕归孔子豚（tún 屯）：古礼规定，凡大夫赠东西给士，士如果不是在家当面接受，就必须亲往大夫家拜谢。阳货掌握着季氏家政，想请孔子出来做他的助手，孔子不愿意，阳货就利用当时的礼俗，趁孔子不在家时，送去一只蒸熟的小猪给他。孔子不愿见阳货，而又不好违礼，也趁阳货不在家时登门拜谢。归，同"馈（kuì 愧）"，赠送。豚，小猪。这里指蒸熟的小猪。

〔3〕时：窥伺。亡：出，不在家。

〔4〕涂：同"途"，道路。

〔5〕亟（qì 气）：屡次，一再。

〔6〕知：同"智"。

〔7〕岁：年岁。与：给予。

〔8〕仕：做官。据史料记载，孔子并未仕于阳货。

○ 品画鉴宝 秋林观瀑图·清·高俨 此图山石苍润厚重，树木茂密而又疏朗，古拙劲健。画中墨点散布在山石和树林之间，饱满、凝练，很有表现力。

子曰："性相近也[1]，习相远也[2]。"

子曰："唯上知与下愚不移[3]。"

孔子说："人的性情本来是相近的，由于教养的不同而相差很远。"

孔子说："只有上等的智者和下等的愚人是难以改变的。"

◎ 原文注释

[1] 性：人的本性，性情，先天的智力、气质。

[2] 习相远：指由于社会影响，所受教育不同，习俗、习气的沾染有别，人的后
天的行为习惯会有很大差异。

[3] 知：同"智"。不移：不可移易、改变。

子之武城，闻弦歌之声。夫子莞尔而笑[1]，曰："割鸡焉用牛刀[2]？"子游对曰："昔者偃也闻诸夫子曰：'君子学道则爱人，小人学道则易使也。'"子曰："二三子，偃之言是也。前言戏之耳[3]。"

孔子到武城去，听到弹琴唱歌的声音。孔夫子微微一笑，说："杀鸡何必用宰牛刀？"子游回答说："从前我曾听您说过，'君子学习礼乐就会爱护人民，百姓学习礼乐就容易听从使唤。'"孔子说："学生们，子游的话是正确的。刚才的话不过是和他开玩笑罢了。"

◎ 原文注释

[1] 莞尔：微笑的样子。

[2] 割鸡焉用牛刀：这是一种比喻，意思是说治理这样一个小地方，哪里用得着施行礼乐教育。

[3] 戏：开玩笑，逗趣。

○品画鉴宝 碧玉笔筒·清

公山弗扰以费畔^[1]，召，子欲往。子路不说^[2]，曰："末之也已^[3]，何必公山氏之之也^[4]？"子曰："夫召我者，而岂徒哉？如有用我者，吾其为东周乎！"

公山弗扰凭借费邑叛乱，他派人召孔子，孔子想去。子路不高兴，说："您没有地方去也就算了，为什么一定要到公山氏那里去呢？"孔子说："这个召唤我的人，难道会让我白跑一趟吗？如果有人任用我，我将让周朝文王武王之道在东方复兴。"

◎ 原文注释

〔1〕公山弗扰：人名。费：地名。今山东费县。畔：通"叛"，叛乱。

〔2〕说：同"悦"，高兴。

〔3〕末：没有。之：往。已：止，算了。

〔4〕何必公山氏之之也：即"何必之公山氏也"。第一个"之"字起帮助倒装的作用，第二个"之"字是"往"的意思。

子张问仁于孔子。孔子曰："能行五者于天下，为仁矣。""请问之。"曰："恭、宽、信、敏、惠。恭则不侮，宽则得众，信则人任焉，敏则有功，惠则足以使人。"

子张向孔子请教什么是仁德。孔子说："能在天下实行五种美德，就可以算是仁了。"子张说："请问是哪五种？"孔子说："庄重、宽厚、信实、勤敏、慈惠。庄重就不会招受侮辱，待人宽厚就会得到大家的拥护，交往诚实就会得到任用，做事勤敏就会取得成功，给人恩惠就能够很好地役使民众。"

○ 品画鉴宝 灰陶三足盘·夏

　　佛肸召[1]，子欲往。子路曰："昔者由也闻诸夫子曰：'亲于其身为不善者，君子不入也。'佛肸以中牟畔，子之往也，如之何[2]？"子曰："然，有是言也。不曰坚乎，磨而不磷[3]；不曰白乎，涅而不缁[4]？吾岂匏瓜也哉[5]？焉能系而不食[6]？"

　　佛肸召见孔子，孔子想要前往。子路说："以前我曾听先生说过：'亲身做过坏事的人那里，君子是不去的。'现在佛肸盘踞中牟叛乱，您却要去，这又是为什么？"孔子说："是的，我讲过这样的话。但是你不知道坚硬的东西，磨也磨不薄吗？洁白的东西，染也染不黑吗？我难道是匏瓜，只能挂在墙上而不能食用吗？"

◎ 原文注释

〔1〕佛肸：晋国大夫范中行的家臣，中牟城的行政长官。

〔2〕如之何：这是为什么？如，这。何，怎么。

〔3〕磷（lìn吝）：本义是薄石。引申为把石头磨薄，使其受到磨损。

〔4〕涅（niē聂）：一种矿物，古代用作黑色染料。这里是染黑的意思。缁：黑色。

〔5〕匏瓜：葫芦的一种，果实比一般葫芦大。

〔6〕系（jì寄）：挂，拴缚。

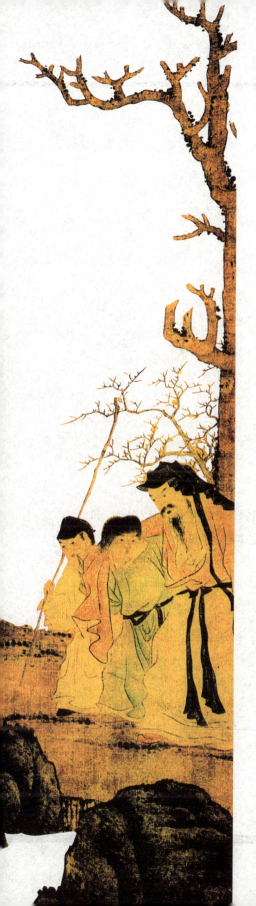

子曰："由也，女闻六言六蔽矣乎[1]？"
对曰："未也。""居[2]！吾语女。好仁
不好学，其蔽也愚[3]；好知不好学，其
蔽也荡[4]；好信不好学，其蔽也贼[5]；
好直不好学，其蔽也绞[6]；好勇不好学，
其蔽也乱；好刚不好学，其蔽也狂。"

孔子说："子路呀，你听说过六种
品德以及由此形成的六种弊病吗？"子
路回答说："没有。"孔子说："坐下！我
告诉你吧。爱好仁德而不爱好学习，它
的弊病就是容易被人愚弄；爱耍聪明而
不爱好学习，它的弊病是容易放荡；爱
好诚实而不爱好学习，它的弊病是容易
被人利用而使自己受伤害；爱好直率而
不爱好学习，它的弊病是说话尖刻刺
人；爱好勇敢却不学礼度，它的弊病是
捣乱闯祸；喜欢刚强而不爱好学习，它
的弊病是使人狂妄自大。"

◎ 原文注释

〔1〕六言：六个字。指仁、知、信、直、
　　　勇、刚六个字。蔽：弊病。

〔2〕居：坐下。

〔3〕不好学：不喜欢学习。好学，才
　　　能明理，不好学就不能明理。愚：
　　　愚弄。

〔4〕荡：放荡。

〔5〕贼：贼害，伤害。

〔6〕绞：刻薄，尖刻。

○ 品画鉴宝　孔子弟子图·宋

　　子曰："小子何莫学夫《诗》？《诗》，可以兴 [1]，可以观 [2]，可以群 [3]，可以怨 [4]；迩之事父 [5]，远之事君；多识于鸟兽草木之名。"

　　孔子说："学生们怎么不学习《诗》呢？学习《诗》，可以激发情志，可以提高观察力，可以培养集体感，可以学到讽刺的方法，近可以用来侍奉父母，远可以用来事奉君主；还可以多知道鸟兽草木的名称。"

◎ 原文注释

〔1〕兴：本义是兴起、发动。这里指激发人的意志和感情。

〔2〕观：本义是观察、观看。这是指提高人洞察是非、辨别得失能力。

〔3〕群：使合群。和而不流。

〔4〕怨：怨恨。怨而不怒。

〔5〕迩（ěr 尔）：近。

子谓伯鱼曰："女为《周南》、《召南》矣乎[1]？人而不为《周南》、《召南》，其犹正墙面而立也与！"

子曰："礼云礼云，玉帛云乎哉[2]？乐云乐云，钟鼓云乎哉[3]？"

孔子对儿子伯鱼说："你学了《周南》《召南》篇吗？一个人如果不学习《周南》《召南》，他就好像面对墙壁站着一样，无法前进。"

孔子说："礼呀礼呀，仅仅指的是玉器锦帛一类的礼物吗？乐呀乐呀，仅仅指的是钟鼓一类的乐器么？"

◎ 原文注释

[1] 为：本义是做，这里指学习。

[2] 玉帛：指古代举行礼仪时使用的玉器、丝帛等礼器。

[3] 钟鼓：古代乐器。

子曰："色厉而内荏[1]，譬诸小人，其犹穿窬之盗也与[2]！"

子曰："乡原[3]，德之贼也。"

子曰："道听而涂说[4]，德之弃也。"

孔子说："脸色严厉但内心软弱的人，如果用小人来比喻，恐怕是像个打洞穿墙的小偷吧。"

孔子说："不讲是非的好好先生，是窃取仁德的蠹贼呀。"

孔子说："路上听见传闻就到处去传播，这是仁德的人应背弃的。"

◎ 原文注释

[1] 色厉而内荏 (rěn 忍)：外貌刚强威严，而内心却柔弱怯惧。色，颜色，脸上的神色。这里指外表。厉，威严。荏，虚弱。

[2] 穿窬 (yú 余)：打洞穿墙。穿，挖穿墙壁。窬，翻墙而入。

[3] 乡原：指言行不符、欺世盗名的人。原，同"愿"。

[4] 道听而涂说：在道路上听见一些传言，便四处传说。涂，同"途"。

○ 品画鉴宝　炉形灯·西汉

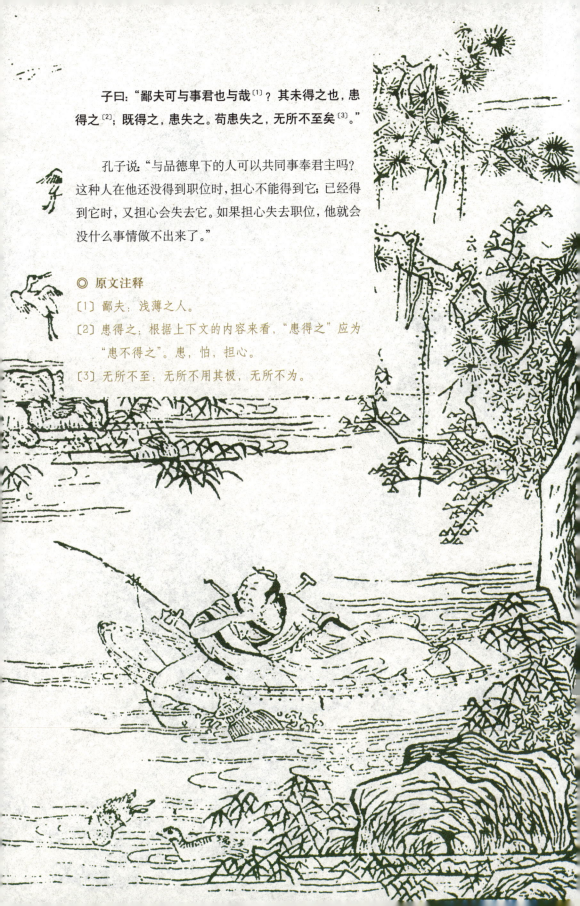

子曰："鄙夫可与事君也与哉[1]？其未得之也，患得之[2]；既得之，患失之。苟患失之，无所不至矣[3]。"

孔子说："与品德卑下的人可以共同事奉君主吗？这种人在他还没得到职位时，担心不能得到它；已经得到它时，又担心会失去它。如果担心失去职位，他就会没什么事情做不出来了。"

◎ 原文注释

〔1〕鄙夫：浅薄之人。

〔2〕患得之：根据上下文的内容来看，"患得之"应为"患不得之"。患，怕，担心。

〔3〕无所不至：无所不用其极，无所不为。

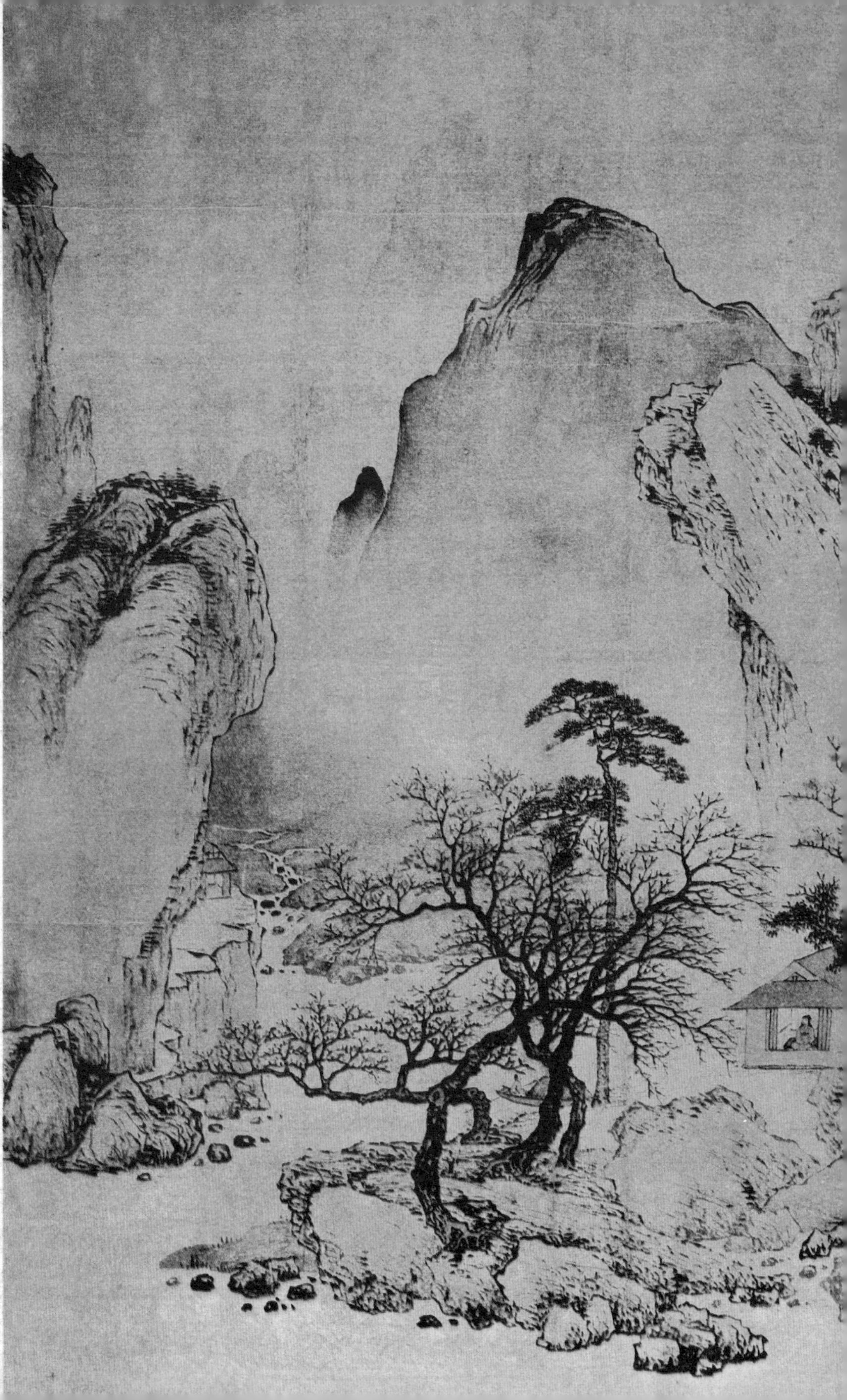

〇品画鉴宝　仿唐解元秋林书屋图·清·高简

○ 品画鉴宝　翠玉方尊·清

子曰："古者民有三疾，今也或是之亡也〔1〕。古之狂也肆〔2〕，今之狂也荡；古之矜也廉〔3〕，今之矜也忿戾〔4〕；古之愚也直，今之愚也诈而已矣。"

孔子说："古时候的人们有三种毛病，现在的人可能都不是原来那样了。古代狂妄的人不过是讲话大胆放肆，现在狂妄的人却放荡越礼；古代矜持的人还能威严自持，现在矜持自大的人却是一味恼怒，变成了无理取闹；古代愚笨的人还直率，现在愚笨的人就只有欺诈罢了。"

◎ 原文注释

〔1〕亡：同"无"。〔2〕肆：纵恣，放肆。〔3〕廉：原指器物棱角，这里引申为不可触犯，碰不得，惹不得。〔4〕忿戾：凶恶好争，蛮横不讲理。

子曰："巧言令色，鲜矣仁。"

子曰："恶紫之夺朱也[1]，恶郑声之乱雅乐也[2]，恶利口之覆邦家者。"

孔子说："花言巧语伪装和善的人，很少有仁德。"

孔子说："我憎恶用紫色取代红色，憎恶用油滑的郑国音乐来搅乱典雅的音乐，憎恶强嘴利舌导致国家倾覆的人。"

◎ 原文注释

[1] 紫之夺朱：紫色代替（夺取）了朱色的地位，充任正色。紫，紫色，蓝色和红色合成的颜色。古代认为紫色是不正的颜色。朱，朱色，大红色。古代认为朱色是正色。

[2] 雅乐：用于郊庙朝会的正乐。

子曰："予欲无言。"子贡曰："子如不言，则小子何述焉？"子曰："天何言哉？四时行焉，百物生焉，天何言哉？"

孺悲欲见孔子[1]，孔子辞以疾[2]。将命者出户，取瑟而歌，使之闻之。

孔子说："我不想说话了。"子贡说："如果先生不说话，那学生又有什么可传述的呢？"孔子说："天说了什么呢？四季正常运行，万物依然生长，天说了什么呢？"

孺悲想求见孔子，孔子以有病推辞不见。传达命令的人刚出去，孔子就取出瑟来边弹边唱，故意让孺悲听见。

◎ 原文注释

[1] 孺悲：鲁国人。鲁哀公曾派孺悲向孔子学习士丧礼。孔子这次为何不愿见孺悲，原因不明。

[2] 辞：推辞。疾：病。

宰我问："三年之丧，期已久矣。君子三年不为礼，礼必坏；三年不为乐，乐必崩。旧谷既没，新谷既升，钻燧改火，期可已矣[1]。"子曰："食夫稻[2]，衣夫锦，于女安乎？"曰："安。""女安，则为之！夫君子之居丧，食旨不甘[3]，闻乐不乐，居处不安[4]，故不为也。今女安，则为之！"宰我出，子曰："予之不仁也！子生三年，然后免于父母之怀。夫三年之丧，天下之通丧也。予也有三年之爱于其父母乎？"

宰我请教道："三年的守孝期，时间太久了一点。君子三年不习礼仪，礼仪一定会被败坏的；三年不演奏音乐，音乐一定会失传的。旧的谷米已经吃完了，新的谷子已经登场，取火的用具也是一年一改，服丧一年也就可以了吧。"孔子说："三年丧期内你就吃稻米，穿锦缎衣，你能够安心吗？"宰我说："安心。"孔子说："你安心，那就去做吧！君子在服丧的期间，吃美味不觉香甜，听音乐不感到快乐，住在家里不觉安适，所以不那么去做。现在你觉得安心，那你就去做吧！"宰我出去后，孔子说："宰我真是不仁德呀！儿女生下来三年，然后才能离开父母的怀抱。这三年的服丧期，是天下通行的礼仪呀。难道宰我没有得到过父母三年怀抱的爱抚吗？"

◎ 原文注释

[1] 钻燧（suì 岁）改火：古代钻木取火所用的木头，四季各异，一个季节换一种，一年轮一遍。钻燧改火，即指过了一年。期：同"朞（jī 基）"，一周年。

[2] 食夫稻：吃稻米。古代北方，水稻是难以得到的珍贵食品。

[3] 旨：美味。

[4] 居处：指住在平日住的房子里。古代居丧，住在临时搭的棚子里。

子曰："饱食终日，无所用心，难矣哉！不有博弈者乎[1]？为之犹贤乎已[2]。"

子路曰："君子尚勇乎[3]？"子曰："君子义以为上。君子有勇而无义为乱，小人有勇而无义为盗。"

孔子说："整天吃得饱饱的，什么心思也不用，这很难有所作为呀！不是有掷采下弈的活动吗？去玩玩它，也总比什么都不干要好。"

子路说："君子崇尚勇敢吗？"孔子说："君子把仁义作为高尚的品德。君子有勇气而不讲仁义就会捣乱造反，小人有勇气而不讲仁义就会成为盗贼。"

◎ **原文注释**

[1] 博弈（yì 义）：掷采下棋。博，局戏。弈，围棋。

[2] 犹：庶几，可能。贤：超过。已：止，什么都不干，无所事事。

[3] 尚：尊崇，崇尚。

○ 品画鉴宝　雷纹鼎·战国

子贡曰："君子亦有恶乎[1]？"子曰："有恶：恶称人之恶者，恶居下流而讪上者[2]，恶勇而无礼者，恶果敢而窒者[3]。"曰："赐也亦有恶乎？""恶徼以为知者[4]，恶不孙以为勇者[5]，恶讦以为直者[6]。"

子贡说："君子也有憎恶的事吗？"孔子说："有憎恶的事：憎恶宣扬他人坏处的人，憎恶身居下位而毁谤上司的人，憎恶勇敢而不知礼节的人，憎恶果敢但刚愎自用的人。"又说："子贡，你也有所憎恶吗？"子贡说："我憎恶偷别人的成绩却自以为聪明的人，憎恶不谦虚却自以为勇敢的人，憎恶喜欢揭发别人的短处却自以为直率的人。"

○ 品画鉴宝　三龙环形玉佩，战国　玉佩中间为一绳索纹环，环外镂雕三条相同的龙形。三龙朝向一致，鼎足式分布。龙眼及关节处以卷云纹表示，身上饰鳞纹。

◎ 原文注释

[1] 恶（wù务）：憎恶。下文的"恶"，除"称人之恶"中"恶"以外，都与此同。

[2] 讪（shàn扇）：毁谤，诋毁。

[3] 窒（zhì志）：阻塞，不通。

[4] 徼（jiāo交）：抄袭。

[5] 孙：同"逊"，谦逊。

[6] 讦（jié杰）：攻击别人的短处，揭发别人的隐私。

子曰：“唯女子与小人为难养也[1]，近之则不孙[2]，远之则怨。”

子曰：“年四十而见恶焉[3]，其终也已。”

孔子说：“只有女子与小人是最难与之共处的呀，亲近他们就会无礼，疏远他们又会怨恨。”

孔子说：“一个人到四十岁还被人厌恶，那他这一生算完了。”

◎ 原文注释

[1] 养：供养，共同相处。

[2] 不孙：指不恭顺，不守规矩，放肆无礼。孙，通“逊”。

[3] 见恶：被别人所厌恶，所讨厌。见，助词，表示被动。

第十八篇 微子

微子去之[1]，箕子为之奴[2]，比干谏而死[3]。孔子曰："殷有三仁焉！"

柳下惠为士师[4]，三黜[5]。人曰："子未可以去乎？"曰："直道而事人，焉往而不三黜？枉道而事人，何必去父母之邦？"

（因商纣王无道）微子离开了他，箕子被降为纣王的奴隶，比干因进谏而被纣王杀死。孔子说："商朝有三位仁人啊！"

柳下惠担任法官，多次被罢免。有人劝他说："您不可以离开鲁国吗？"他说："用正道去事奉君主，到哪里去还不是要多次被免职？如果用邪道去事奉君主，那有什么必要离开祖国呢？"

◎ 原文注释

〔1〕微子：纣王的庶兄。去之：离去。

〔2〕箕（jī 基）子：名胥馀，纣王的叔父。他向殷纣王进谏，纣王不听，于是披发装疯，被降为奴隶。

〔3〕比干：纣王的叔父。他也因向纣王进谏，被剖心而死。

〔4〕士师：狱官，法官。

〔5〕三黜（chù 处）：多次被罢官。黜，革除。

　　齐景公待孔子，曰："若季氏，则吾不能；以季、孟之间待之。"曰："吾老矣，不能用也。"孔子行。

　　齐人归女乐[1]，季桓子受之，三日不朝，孔子行[2]。

　　齐景公谈到将如何对待孔子时，说："要我像鲁君对待季氏那样，那我做不到；我只能用次于季氏而高于孟氏的礼遇对待他。"后来又说："我老了，不能任用他了。"孔子于是离开了齐国。

　　齐国送一些舞女歌姬，季桓子接受了，接连几天不理政事，孔子便离职而去。

◎ 原文注释

〔1〕归：同"馈（kuì愧）"，赠送。

〔2〕行：走，走开。

楚狂接舆歌而过孔子，曰："凤兮！凤兮！何德之衰？往者不可谏[1]，来者犹可追[2]。已而，已而，今之从政者殆而[3]。"孔子下，欲与之言。趋而辟之[4]，不得与之言。

楚国狂人接舆唱着歌经过孔子的车旁，他唱道："凤鸟呀！凤鸟呀！你的德行为什么会如此衰败？过去的已经不可挽回，未来的还可以补救。算了吧，算了吧，现在的执政者们真危险呀。"孔子忙下车，想和他谈谈。但他赶快避开了孔子，孔子没有能和他交谈。

◎ 原文注释

[1] 往者：过去的事。谏：止，挽回。

[2] 犹可追：还来得及的意思。

[3] 殆：危险。

[4] 辟：同"避"。

长沮、桀溺耦而耕^[1]，孔子过之，使子路问津焉。长沮曰："夫执舆者为谁？"子路曰："为孔丘。"曰："是鲁孔丘与？"曰："是也。"曰："是知津矣^[2]。"问于桀溺。桀溺曰："子为谁？"曰："为仲由。"曰："是鲁孔丘之徒与？"对曰："然。"曰："滔滔者天下皆是也，而谁以易之？且而与其从辟人之士也，岂若从辟世之士哉^[3]。"耰而不辍^[4]。子路行以告。夫子怃然曰^[5]："鸟兽不可与同群，吾非斯人之徒与而谁与^[6]？天下有道，丘不与易也。"

长沮、桀溺两人一起耕地，孔子经过那里，派子路去打听渡口在哪里。长沮问："那个驾车的人是谁？"子路答道："是孔丘。"长沮问："就是鲁国的孔丘吗？"子路说："是的。"长沮说："那他应该早知道渡口在哪儿了。"子路又问桀溺。桀溺问："您是谁？"子路说："我是仲由。"桀溺问："就是鲁国孔丘的学生吗？"子路回答说："是的。"桀溺说："普天之下都是滔滔泛滥的洪水一般的坏东西，你跟谁能改变这种局面呢？你与其追随那个逃避坏人的孔丘，还不如跟从那些逃避整个社会的人啊。"说完他们不停地翻土。子路回来报告给孔子。孔子怅然若失地说："我既然不能跟飞禽走兽合群共处，那我不与世人在一起，又同谁在一起呢？如果天下政治清明，我也就不与你们一道来改革它了。"

◎ 原文注释

〔1〕长沮（jū句）、桀溺：当时两个不知真实姓名的隐士。耦（ǒu偶）而耕：两个人各执一耜（sì四）一起耕地。

〔2〕是知津矣：意思是说，孔子周游列国，应该知道渡口在哪里。津，渡口。

〔3〕而：同"尔"，你。辟人之士：指孔子。辟世之士：指长沮和桀溺。

〔4〕耰（yōu优）：下种以后用土盖平。辍（chuò绰）：停止。

〔5〕怃然：怅惘失意的样子。

〔6〕鸟兽不可与同群，吾非斯人之徒与而谁与：这一句中的三个"与"用法相同。孔子这句话的意思是说他愿意和天下在一起，不愿隐居和鸟兽同群。与，相与，在一起。

子路从而后，遇丈人[1]，以杖荷蓧[2]。子路问曰："子见夫子乎？"丈人曰："四体不勤，五谷不分[3]，孰为夫子？"植其杖而芸。子路拱而立。止子路宿，杀鸡为黍而食之[4]，见其二子焉。明日，子路行以告。子曰："隐者也。"使子路反见之[5]，至则行矣。子路曰："不仕无义。长幼之节，不可废也；君臣之义，如之何其废之？欲洁其身，而乱大伦。君子之仕也，行其义也。道之不行，已知之矣。"

子路跟随孔子外出落在了后面，遇见一个老人，他用拐杖挑着锄草的农具。子路问道："您看见我的老师了吗？"老人说："你们这些人，四肢不劳动，五谷分不清楚，谁知道你的老师？"说完插上他的拐杖就去除草。子路拱手恭敬地站在田边。老人便留子路在家住，杀鸡做饭给他吃，并让两个儿子出来相见。第二天，子路赶上了孔子，把这事告诉了他。孔子说："这是位隐士。"叫子路再回去看他，子路到了那里，老人已经走了。子路说："不出来做官不合道义。长幼之间的关系是不能废弃的，君臣之间的道义，为什么就要这样废弃呢？你想求得自己本身清白却破坏了君臣之间最重要的伦理。君子出来做官，是实行道义呀。至于我们的主张行不通，我也早已知道了啊。"

◎ 原文注释

[1] 丈人：老人。当时的一位隐士。

[2] 以杖荷蓧（diào 掉）：用拐杖挑着锄草的工具。杖，拐杖。蓧，锄草的工具。

[3] 四体不勤，五谷不分：四肢不劳动，五谷也不能分辨。勤，劳动，勤劳。

[4] 黍：即黍子，去皮后称黄米，煮熟后有黏性。食（sì 四）：拿东西给人吃。

[5] 反：同"返"，返回去。

逸民^[1]：伯夷、叔齐、虞仲、夷逸、朱张、柳下惠、少连。子曰："不降其志，不辱其身，伯夷、叔齐与！"谓柳下惠、少连："降志辱身矣，言中伦^[2]，行中虑，其斯而已矣。"谓虞仲、夷逸："隐居放言，身中清，废中权。我则异于是，无可无不可^[3]。"

古今隐居不仕的人有：伯夷、叔齐、虞仲、夷逸、朱张、柳下惠、少连。孔子说："不动摇自己的志向，不辱没自己的身份，要数伯夷、叔齐吧！"谈到柳下惠、少连时说："降低志向、辱没身份了，但言语合乎伦理，行为经过考虑，他们不过如此而已。"谈到虞仲、夷逸时说："他们避世闲居，放肆直言，自身行为清廉，被遗忘也是他们的权术使然。我就和他们不一样，（只要符合道理）处事不一定要这样，也不一定要那样。"

◎ 原文注释

〔1〕逸民：指隐居不仕的人。

〔2〕中：符合。

〔3〕无可无不可：不一定非要怎样才可以，即可进可退，怎么都行的意思。

344

品画鉴宝 朱漆九霄环佩七弦琴·北宋

　　大师挚适齐[1]，亚饭干适楚[2]，三饭缭适蔡，四饭缺适秦，鼓方叔入于河，播鼗武入于汉[3]，少师阳、击磬襄入于海。

　　鲁国太师挚到齐国去了，二饭乐师干到楚国去了，三饭乐师缭到蔡国去了，四饭乐师缺到秦国去了，打鼓的乐师方叔住到黄河边上去了，摇鼓的乐师武住到汉水之涯去了，副乐师阳、击磬的襄，住到海边上去了。

◎ 原文注释

〔1〕适：去，往，到。

〔2〕亚饭干：古代天子和诸侯吃饭时均需奏乐侑食，亚饭干和下文的三饭缭，四饭缺都是以乐侑食的乐官。

〔3〕播：摇。鼗（táo桃）：两边系有小槌的小鼓，下面有把，持把而摇，槌还自击。武：摇鼓乐师的名字。

　　周公谓鲁公曰^[1]："君子不施其亲^[2]，不使大臣怨乎不以^[3]。故旧无大故，则不弃也。无求备于一人。"

　　周有八士：伯达、伯适、仲突、仲忽、叔夜、叔夏、季随、季骊。

　　周公对鲁公说："君子不疏远自己的亲友，不让大臣抱怨自己得不到任用，老臣旧属如果没有大的错误，就不要抛弃他们；不要对某个人求全责备。"

　　周朝有八位贤士：伯达、伯适、仲突、仲忽、叔夜、叔夏、季随、季骊。

◎ 原文注释

〔1〕周公：武王之弟，名姬旦。鲁公：指周公的儿子伯禽。

〔2〕施：同"弛"，松弛，这里是怠慢、疏远的意思。

〔3〕以：用。

第十九篇 子张

子张曰："士见危致命[1]，见得思义[2]，祭思敬，丧思哀，其可已矣。"

子张曰："执德不弘[3]，信道不笃[4]，焉能为有？焉能为亡[5]？"

子张说："读书人看见危难肯献出生命，看见利益就想到得到是否合乎道义，祭祀时想到严肃恭敬，服丧时想到哀伤，这样就可以了。"

子张说："执守德行不坚定，信仰道义不忠诚，这种人活在世上有他也行，没他也可呀。"

◎ 原文注释

〔1〕致命：授命，舍弃生命。

〔2〕思：思考，考虑。

〔3〕执：遵守。

〔4〕笃：真诚，纯一。

〔5〕亡：同"无"。

○ 品画鉴宝　山水图·清·王檗

子夏之门人问交于子张[1]。子张曰:"子夏云何?"对曰:"子夏曰:'可者与之[2]，其不可者拒之。'"子张曰:"异乎吾所闻:君子尊贤而容众，嘉善而矜不能[3]。我之大贤与[4]，于人何所不容?我之不贤与，人将拒我，如之何其拒人也?"

子夏的学生向子张请教如何交朋友。子张说:"子夏是怎么说的?"他们回答说:"子夏说:'可交往的就同他交往，不可以交结的就拒绝他。'"子张说:"我听说的和这不同:君子敬重贤人同时也容纳普通的人，称赞好人也同情没有能力的人。我如果是大贤的人，对于别人有什么不能容纳呢?我如果不是贤人，别人也会拒绝我的，那我还怎么去拒绝别人呢?"

◎ 原文注释

[1] 交:结交，往来。
[2] 与:交往，友好。
[3] 嘉:赞美，嘉许。矜(jīn金):哀怜，同情。
[4] 与:同"欤"。语气词。

子夏曰："虽小道[1]，必有可观者焉，致远恐泥[2]，是以君子不为也。"

子夏曰："日知其所亡，月无忘其所能，可谓好学也已矣。"

子夏说："即使是小技艺，也一定会有可取之处，但因为担心它会影响远大目标，所以君子不去学这些小技艺。"

子夏说："每天学习些自己没有的知识，每月复习，使已经学到的东西不致忘掉，就可以叫作好学了吧。"

◎ 原文注释

[1] 小：狭隘，不足。道：方法，技艺。指某一方面的技能技艺。

[2] 致：达到。远：深奥。泥（nì逆）：拘泥，不通达，妨碍。

子夏曰："博学而笃志[1]，切问而近思[2]，仁在其中矣。"

子夏曰："百工居肆以成其事[3]，君子学以致其道。"

子夏说："广泛地学习并且坚定自己的志向，请教别人诚恳，多想当前的事情，仁德就在这其中了。"

子夏说："各种工匠在作坊里完成自己的工作，君子则通过学习来获得道义。"

◎ 原文注释

[1] 笃：厚。志：识。

[2] 切问：指急切地问一些自己学习而又没有弄懂的问题，不要泛问。切，急迫，急切。近思：指考虑一些自己当前要办而没有办到的事。不要不切实际地远思。近，眼前，当下。

[3] 肆：古代制造物品的场所。

子夏曰："小人之过也必文。"

子夏曰："君子有三变：望之俨然[1]，即之也温[2]，听其言也厉。"

子夏说："小人对自己的过失一定加以掩饰。"

子夏说："君子有三种变化：望着他时觉得很严肃庄重，接近他时觉得很温和，听他说话时又感到很严厉。"

◎ 原文注释

[1] 俨然：庄重的样子。

[2] 即：走近，接近。

子夏曰："君子信而后劳其民[1]，未信则以为厉己也[2]；信而后谏，未信则以为谤己也。"

子夏曰："大德不逾闲[3]，小德出入可也。"

子夏说："君子先要受到信任然后才去使唤百姓，如果没被信任，那人民会认为你折磨他们；君子要得到君主的信任后才去劝谏，如果没被信任，那君主会认为你毁谤他。"

子夏说："大的节操方面不能超过界限，小节有些出入是可以的。"

◎ 原文注释

[1] 劳：指役使，让老百姓去服劳役。

[2] 厉：虐待，折磨，坑害。

[3] 逾：越过。闲：本义是阑，栅栏。引申为限制、法度、界限。

　　子游曰："子夏之门人小子，当洒扫、应对、进退，则可矣。抑末也 [1]，本之则无。如之何？"子夏闻之，曰："噫！言游过矣！君子之道 [2]，孰先传焉，孰后倦焉，譬诸草木，区以别矣。君子之道，焉可诬也？有始有卒者，其惟圣人乎！"

　　子游说："子夏的学生们，做些洒水扫地和迎送宾客的事情，那还是可以的，但这都是小事。谈到学术基础，他们却都没有，这样怎么行呢？"子夏听说了这话，说："哟，子游这就不对了！君子的学说，首先传授什么，然后教诲什么，这好比花草树木一样，应该分别对待的。君子的学说，怎么可以随便歪曲呢？能够依照一定的次序，有始有终地进行教育的，大概只有圣人可以如此吧。"

◎ 原文注释

〔1〕抑：连词，表示转折。相当于"但是""然而"。

〔2〕道：方法、技艺。这里指教学方法。

子夏曰："仕而优则学，学而优则仕。"

子游曰："丧致乎哀而止。"

子游曰："吾友张也，为难能也，然而未仁。"

曾子曰："堂堂乎张也[1]，难与并为仁矣。"

子夏说："当官时有余力就去学习，学习后有余力就可以做官。"

子游说："服丧时充分地表达了自己的哀哀也就可以了。"

子游说："我的朋友子张已经是难能可贵的了，可是还不能达到仁德。"

曾子说："子张的为人高不可攀，别人是很难和他一同达到仁德的啊。"

◎ 原文注释

[1] 堂堂：形容仪表壮伟，气派十足。这里是说子张为学只讲外表，不重视内心的道德修养，所以下文说难以和他一起达到仁。

曾子曰："吾闻诸夫子，人未有自致者也，必也亲丧乎！"

曾子曰："吾闻诸夫子：孟庄子之孝也[1]，其他可能也[2]，其不改父之臣与父之政，是难能也。"

曾子说："我曾听老师讲过，人不会自动地尽情地表达自己的感情，如果有，那一定是父母死亡的时候吧！"

曾子说："我听先生讲过：孟庄子的孝道，别人还可以做得到，但他不改换父亲的旧臣和原有的政治方针，则是别人难以做到的。"

◎ 原文注释

[1] 孟庄子：鲁国大夫孟孙速。

[2] 可能，可以做到。能，达到，做到。

孟氏使阳肤为士师[1]，问于曾子。曾子曰：
"上失其道，民散久矣。如得其情，则哀矜而
勿喜[2]！"

子贡曰："纣之不善[3]，不如是之甚也。是
以君子恶居下流[4]，天下之恶皆归焉[5]。"

孟氏任命阳肤担任法官。阳肤向曾子请
教。曾子说："当权者丧失道义，使民心涣散已
经很久了。你如果审出犯罪的真情，应该哀怜
同情他们而不要居功自喜。"

子贡说："纣王的昏庸无道，不像现在传说
的那么厉害吧。所以君子最痛恨居于下流，(一
旦如此)天下的坏名声都会归集到他的身上。"

◎ 原文注释

〔1〕阳肤：孔子弟子，武城人。士师：司法刑
　　狱长。
〔2〕哀矜：哀怜，怜惜，同情。
〔3〕纣：殷商的末代君主，名辛，"纣"是他的
　　谥号。历来认为他是个大暴君。不善：坏。
〔4〕恶：憎恨，厌恶。下流：地势卑下之处。
〔5〕恶：坏事，罪恶。

○ 品画鉴宝　玉鹰鹉·西周

357

　　子贡曰："君子之过也，如日月之食焉[1]：过也，人皆见之；更也[2]，人皆仰之。"

　　卫公孙朝问于子贡曰[3]："仲尼焉学？"子贡曰："文、武之道，未坠于地[4]，在人。贤者识其大者，不贤者识其小者，莫不有文武之道焉。夫子焉不学？而亦何常师之有[5]？"

　　子贡说："君子的错误，好比日蚀和月蚀：有了错误，人人都看得见；改正了，人人都仰望他。"

　　卫大夫公孙朝向子贡请教道："仲尼的学问是跟谁学到的？"子贡说："文王武王的圣人之道，并没有失传，仍在人们的掌握中。贤德的人能掌握它的根本，一般人只懂得它小的方面，到处都有文王武王的道义呀。我老师在哪里不可以学习？何必一定要有固定的老师呢？"

◎ 原文注释

〔1〕食：同"蚀"。

〔2〕更：变更，更改。

〔3〕公孙朝：卫国大夫。

〔4〕坠于地：坠落在地，这里指被人遗忘，失传。

〔5〕常：永恒的，固定不变的。师：老师。

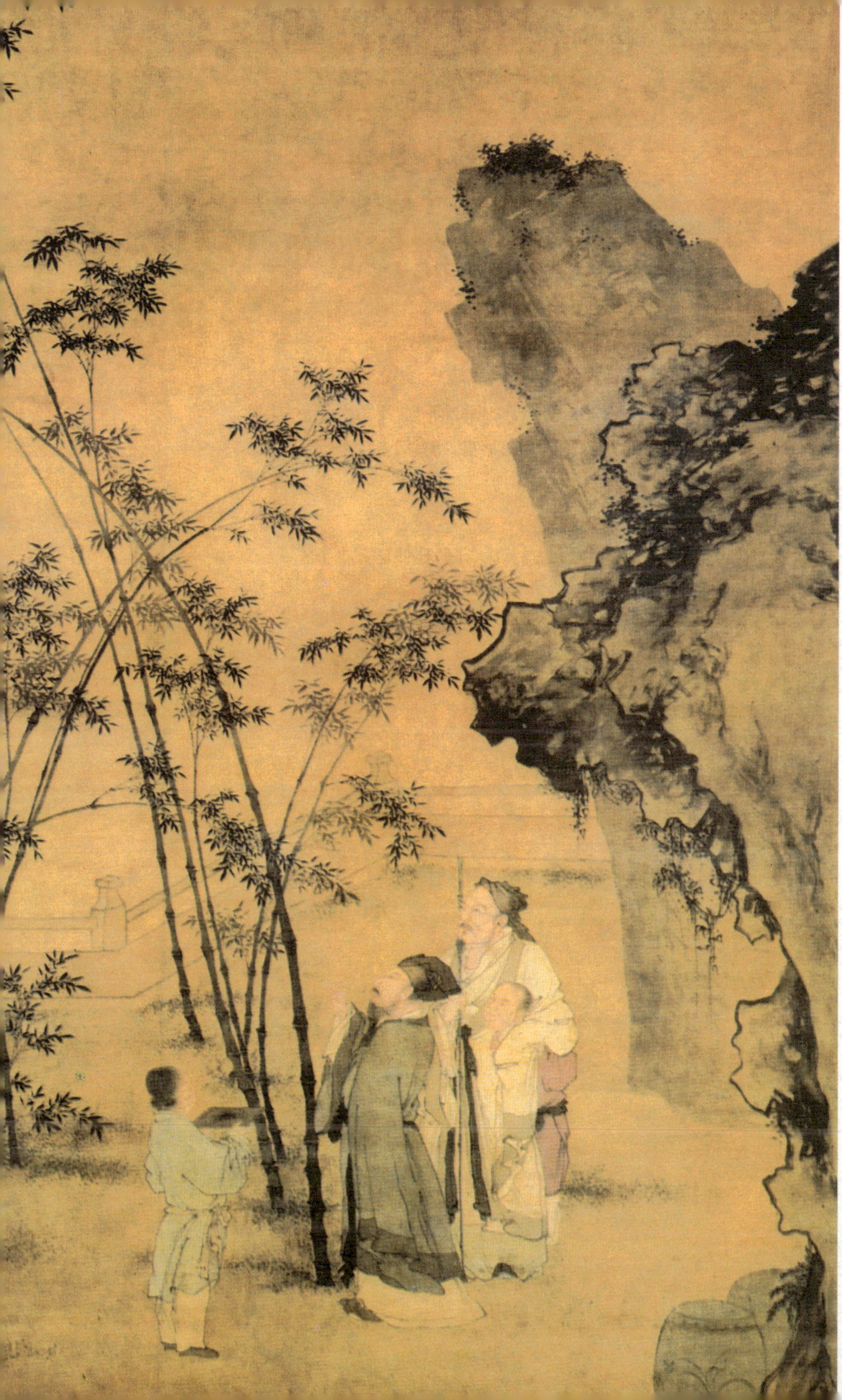

题竹图·明·杜堇

叔孙武叔语大夫于朝曰："子贡贤于仲尼[1]。"子服景伯以告子贡。子贡曰："譬之宫墙[2]，赐之墙也及肩，窥见室家之好。夫子之墙数仞[3]，不得其门而入，不见宗庙之美，百官之富。得其门者或寡矣。夫子之云，不亦宜乎！"

　　叔孙武叔在朝中对大夫们说："子贡比仲尼更要贤德。"子服景伯把这些告诉了子贡。子贡说："用围墙比喻，我的墙只有肩膀那么高，谁都可以看见里面房屋的美好。老师的围墙却有几丈高，找不到门进去，就看不见雄伟的庙堂和各种富丽的房屋。能够找到大门的人可能很少吧。(这样看来)叔孙武叔先生的话，不也就很容易理解了吗？"

◎ 原文注释

〔1〕贤：多，胜过。

〔2〕官：房屋，住舍。

〔3〕仞（rèn 任）：古代八尺为一仞，或曰七尺为一仞。

○ 品画鉴宝　师汤父鼎·西周

叔孙武叔毁仲尼。子贡曰："无以为也！仲尼不可毁也。他人之贤者，丘陵也，犹可逾也[1]。仲尼，日月也，无得而逾焉。人虽欲自绝[2]，其何伤于日月乎？多见其不知量也[3]。"

叔孙武叔毁谤仲尼。子贡说："不要这样做！仲尼是毁谤不了的。别人的贤能，好比是山丘，还可以越过去。仲尼，好比是太阳月亮，是没有办法超越的。有人虽然要自绝于太阳月亮，可那对于太阳月亮有什么伤害呢？只是显得他不自量力罢了。"

◎ 原文注释

[1] 逾：越过，翻越。

[2] 自绝：自行断绝跟对方之间的关系。

[3] 多：只，适，恰好。不知量：指不知其分量。

陈子禽谓子贡曰："子为恭也[1]，仲尼岂贤于子乎[2]？"子贡曰："君子一言以为知，一言以为不知，言不可不慎也。夫子之不可及也，犹天之不可阶而升也。夫子之得邦家者，所谓立之斯立，道之斯行，绥之斯来[3]，动之斯和。其生也荣，其死也哀。如之何其可及也？"

陈子禽对子贡说："您太谦恭了，仲尼难道真的比您更贤德吗？"子贡说："君子一句话可以体现出智慧，也可以显出他的无知，说话不可以不慎重呀。老师是不可能赶上的，好比天是不能用阶梯去攀登一样。老师如果成为诸侯或卿大夫，他要求民众奋发自立他们就会奋发自立，他引导民众大家就会前进，他安抚人民四方就会归服，他召唤人民大家就会响应。他生得光荣，死了会令人哀恸。我怎么赶得上老师呢？"

◎ 原文注释

[1] 恭：恭敬，谦恭。

[2] 岂：难道。

[3] 绥之：安抚他们。

尧曰："咨[1]！尔舜！天之历数在尔躬[2]，允执其中[3]。四海困穷，天禄永终。"舜亦以命禹。曰："予小子履，敢用玄牡[4]，敢昭告于皇皇后帝：有罪不敢赦。帝臣不蔽，简在帝心[5]。朕躬有罪[6]，无以万方；万方有罪，罪有朕躬。"周有大赉[7]，善人是富。"虽有周亲，不如仁人。百姓有过，在予一人。"谨权量，审法度[8]，修废官，四方之政行焉。兴灭国，继绝世，举逸民，天下之民归心焉。所重：民，食，丧，祭。宽则得众，信则民任焉，敏则有功[9]，公则说。

○品画鉴宝 彩绘陶鬲·夏家店文化

帝尧说："好啊！你这位舜！上天的使命已经降临在你的身上，忠实地坚持你那正确的原则。如果天下人民陷入了贫困，上天赐予你的禄位就永远地终止了。"帝舜让位时也这样告诫禹。商汤说："我这个后辈履，采用黑色公牛作祭品，大胆明白地祭告辉煌伟大的天帝：我对有罪的人决不敢擅自赦免。您的臣属有错也不掩盖，您心里早就明白。如果我自身有罪，不要连累天下人民；天下民众有罪，这罪应该归在我的身上。"周朝曾举行大赏赐，使善良的人都富起来。周武王说："虽然我有至亲，但不如有仁德的人。百姓如有过失，责任由我一个人承担。"要慎重审查天下的度、量、衡，恢复废弃的机构和官员，那天下的政令就会行得通。复兴灭亡了的诸侯国，承继断了代的家族，提拔被遗落的人才，这样天下的人民就会衷心

○ 品画鉴宝　松荫抚琴图·明·史文
此图正中绘古松两株，松下一长者危坐弹琴，对面一人侧耳聆听，树前坡石间，清泉流淌。图中人物神态怡然，衣纹粗犷流畅，造型古雅大方。

归服了。当权者应重视：人民、粮食、丧葬、祭祀。宽厚就能获得民众的拥护，诚信就能得民众的信任，勤敏就会有成绩，公平就会使民众高兴。

◎ 原文注释

〔1〕咨：感叹词。这里是表示赞赏。

〔2〕天之历数：是说这种帝王传承的次序是由上天决定的，也就是天命。历数，帝王传承的次序。

〔3〕允：信，诚实。执：执守。中：无过无不及，恰到好处。

〔4〕予小子：商汤自称之词。履：商汤的名字。玄牡（mǔ母）：黑色的公牛。

〔5〕简：阅，知道。

〔6〕朕（zhèn镇）：古人无论地位尊卑都自称朕。秦始皇以后专用为皇帝的自称。

〔7〕赉（lài赖）：予，这里是封赏的意思。

〔8〕权：衡量。量：容量。法度：古人作礼乐制度解。

〔9〕敏：同"勉"，勤勉。

子张问于孔子曰："何如斯可以从政矣[1]？"子曰："尊五美，屏四恶[2]，斯可以从政矣。"子张曰："何谓五美？"子曰："君子惠而不费[3]，劳而不怨，欲而不贪[4]，泰而不骄，威而不猛。"子张曰："何谓惠而不费？"子曰："因民之所利而利之，斯不亦惠而不费乎？择可劳而劳之，又谁怨？欲仁而得仁，又焉贪？君子无众寡，无小大，无敢慢，斯不亦泰而不骄乎？君子正其衣冠，尊其瞻视，俨然人望而畏之，斯不亦威而不猛乎？"子张曰："何谓四恶？"子曰："不教而杀谓之虐；不戒视成谓之暴；慢令致期谓之贼；犹之与人也，出纳之吝，谓之有司[5]。"

子张向孔子请教说："怎样就可以治理政事呢？"孔子说："尊崇五种美德，摒弃四种恶行，就可以治理政事了。"子张说："这五种美德是什么？"孔子说："君子对人施惠但自己却无所耗费，役使人民而人民不会怨恨，追求仁义而不贪求财物，神态安详而不骄傲，表情威严而不凶猛。"子张问道："什么是对人施惠而自己不需要什么耗费？"孔子说："让人民在他们能得到的地方得到自己的利，这不就是施惠给他们而自己也不浪费吗？选择人民可以做的事叫他们去做，那还会有谁怨恨呢？想要仁德就得到仁德，那还贪图什么呢？君子待人，无论人多人少，也无论事情小大都不敢怠慢，这不就是泰然自若而不骄傲吗？君子衣冠整洁，目光端正，别人看见他严肃的态度就会产生敬畏之心，这不就是威严而不凶猛吗？"子张说："四种恶政是什么呢？"孔子说："不加教育就随便杀戮叫暴虐；不先告诫而要求有成绩叫粗暴；下令迟缓却又限期紧迫叫贼；给人家东西，但出手时却很悭吝，叫小气。"

◎ 原文注释

[1] 斯：就。

[2] 屏（bǐng 丙）：排除，除去。

[3] 惠：恩惠。费：用财不多，引申为消耗。

[4] 欲而不贪：指其欲在实行仁义，而不在贪图财利。

[5] 有司：本为官吏的统称。这里指库吏之类的小官，他们在财物出入时都要精确算计。从政的人如果这样，就显得吝啬刻薄而小气了。

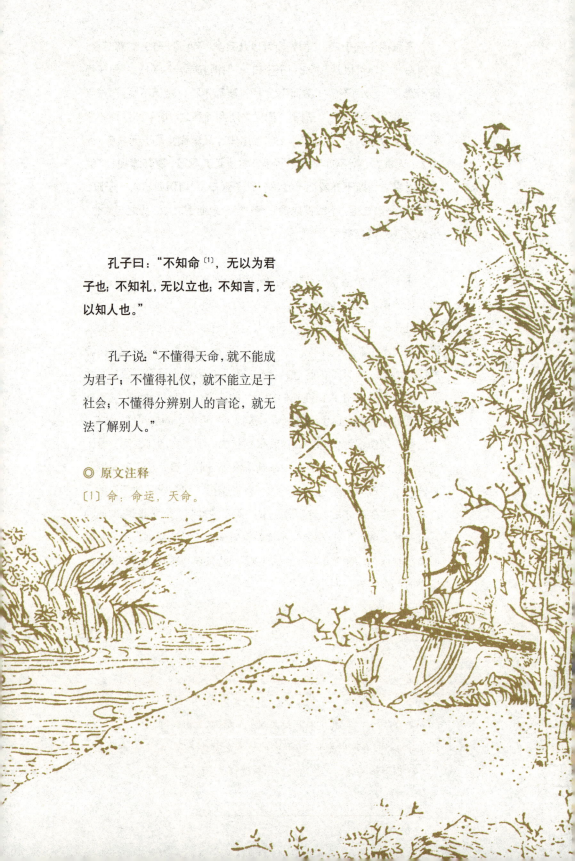

孔子曰："不知命[1]，无以为君子也；不知礼，无以立也；不知言，无以知人也。"

孔子说："不懂得天命，就不能成为君子；不懂得礼仪，就不能立足于社会；不懂得分辨别人的言论，就无法了解别人。"

◎ 原文注释

[1] 命：命运，天命。

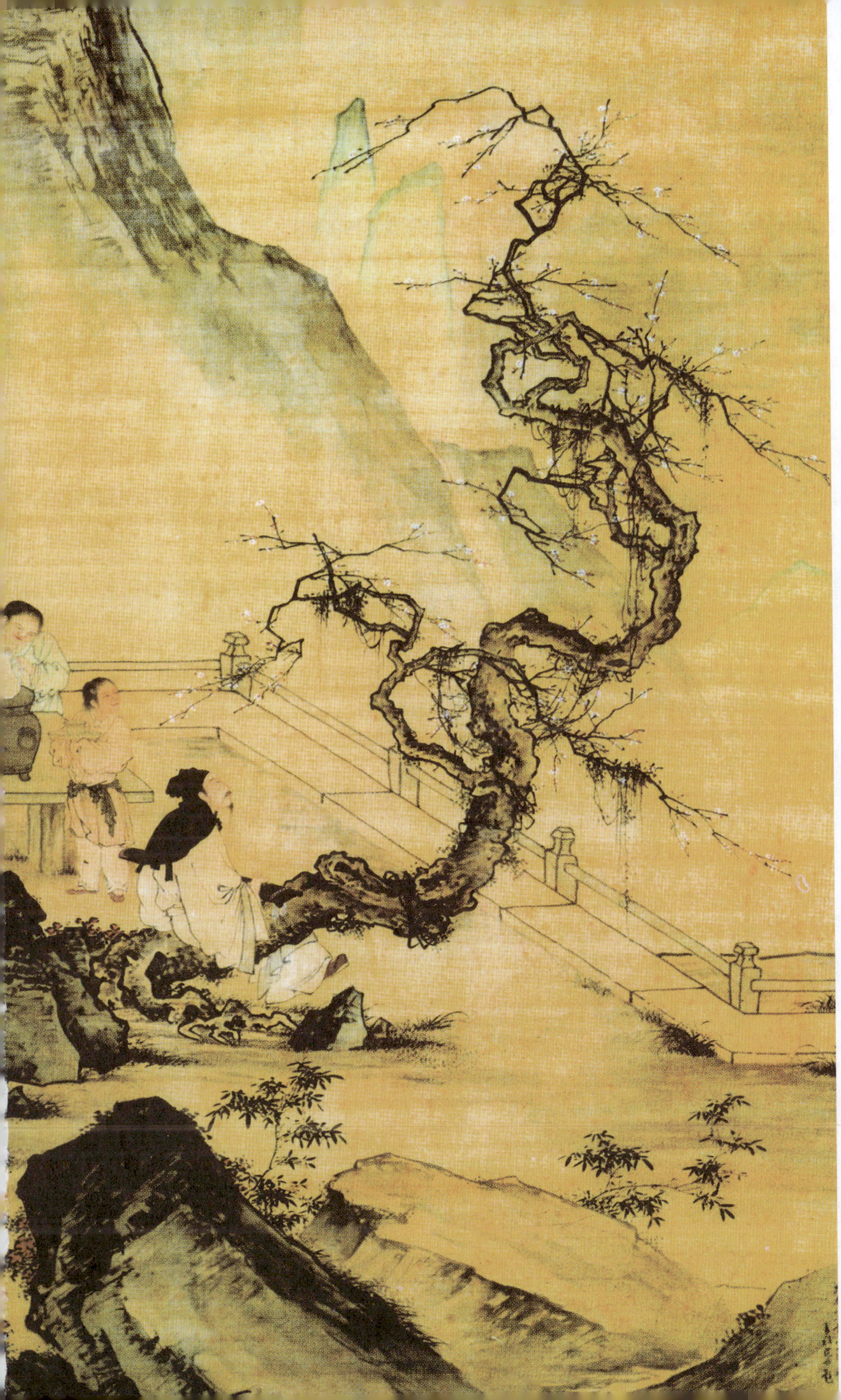

○品画鉴宝　梅下横琴图·明·杜堇

图书在版编目（CIP）数据

大学 论语 / 金敬梅主编 . -- 北京：世界图书出
版公司，2016.5（2021.4 重印）
ISBN 978-7-5192-0901-8

Ⅰ. ①大… Ⅱ. ①中… Ⅲ. ①儒家②《大学》—青少
年读物③《论语》—青少年读物 Ⅳ. ① B222-49

中国版本图书馆 CIP 数据核字 (2016) 第 049020 号

书　　　名	大学 论语	
（汉语拼音）	DAXUE LUNYU	
编　　者	金敬梅	
总 策 划	吴 迪	
责 任 编 辑	滕伟喆	
装 帧 设 计	刘 陶	
出 版 发 行	世界图书出版公司长春有限公司	
地　　址	吉林省长春市春城大街 789 号	
邮　　编	130062	
电　　话	0431-86805551（发行）　　0431-86805562（编辑）	
网　　址	http://www.wpcdb.com.cn	
邮　　箱	DBSJ@163.com	
经　　销	各地新华书店	
印　　刷	唐山富达印务有限公司	
开　　本	720 mm × 1000 mm　1/16	
印　　张	23	
字　　数	300 千字	
印　　数	1—5 000	
版　　次	2019 年 6 月第 1 版　　2021 年 4 月第 3 次印刷	
国 际 书 号	ISBN 978-7-5192-0901-8	
定　　价	46.00 元	

阅读国学经典·品鉴古今智慧

领悟先贤哲思·创造人生辉煌